河南财经政法大学
HENAN UNIVERSITY OF ECONOMICS AND LAW

中国（河南）自日
自由贸易试！

U0570055

制度型开放与自贸试验区建设研究

基于河南自贸试验区实践

梁洪有　郭　宏／著

Study on Institutional Openning-up and
Pilot Free Trade Zones Construction

Based on the Practice of China (Henan) Pilot Free Trade Zone

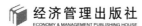

经济管理出版社
ECONOMY & MANAGEMENT PUBLISHING HOUSE

图书在版编目（CIP）数据

制度型开放与自贸试验区建设研究：基于河南自贸试验区实践/梁洪有，郭宏著.—北京：
经济管理出版社，2024.3

ISBN 978-7-5096-9640-8

Ⅰ.①制…　Ⅱ.①梁…②郭…　Ⅲ.①自由贸易区—制度建设—研究—河南　Ⅳ.①F752.861

中国国家版本馆 CIP 数据核字（2024）第 057595 号

组稿编辑：杨　雪
责任编辑：杨　雪
助理编辑：付姝怡
责任印制：黄章平
责任校对：张晓燕

出版发行：经济管理出版社
　　　　　（北京市海淀区北蜂窝 8 号中雅大厦 A 座 11 层　100038）
网　　址：www.E-mp.com.cn
电　　话：（010）51915602
印　　刷：唐山玺诚印务有限公司
经　　销：新华书店
开　　本：720mm×1000mm/16
印　　张：10.75
字　　数：187 千字
版　　次：2024 年 4 月第 1 版　　2024 年 4 月第 1 次印刷
书　　号：ISBN 978-7-5096-9640-8
定　　价：78.00 元

"自由贸易试验区研究丛书"总序

建设自由贸易试验区是新形势下全面深化改革和扩大开放的重大战略举措，在我国改革开放进程中具有里程碑意义。作为深化改革开放的"试验田"和体制机制创新的"排头兵"，自由贸易试验区建设向世界展现出中国的开放大门越开越大的决心和信心。

自 2013 年 9 月设立中国（上海）自由贸易试验区以来，我国先后设立了 21 个自由贸易试验区和海南自由贸易港，形成了覆盖东西南北中的试点格局。10 年来，自由贸易试验区肩负着"为国家试制度、为地方谋发展"的使命，以制度创新为核心任务，以可复制、可推广为基本要求，大胆试、大胆闯、自主改，聚焦投资贸易自由化便利化、金融开放创新、政府职能转变等众多领域进行一系列改革创新和大胆探索，着力构建市场化、法治化、国际化的营商环境，推动由商品和要素流动型开放向规则等制度型开放转变，很好地发挥了全面深化改革试验田的作用。

改革开放永无止境。党的二十大报告提出，实行更加积极主动的开放战略，加快推进自由贸易试验区、海南自由贸易港建设，扩大面向全球的高标准自由贸易区网络。新时期，中国自由贸易试验区改革创新逐步进入"深水区"，改革创新任务更为艰巨，需要更加深入推进制度型开放，更大力度破解制约高质量发展的政策制度障碍，更加深入探索新的制度来解决新发展阶段出现的各种问题，着力建设高水平开放型经济新体制，发展更高层次开放型经济。

快速发展的中国自由贸易试验区迫切需要自由贸易试验区建设在理论和实践

上的创新与突破。在开展自由贸易试验区理论和实践研究、为自由贸易试验区建设提供智力支撑方面，智库也应该发挥重要作用。作为智库，需要及时跟踪研究自由贸易试验区建设进展，总结和理论化其开放理念、模式与战略上的创新经验；同时立足新时期自由贸易试验区建设的新使命、新任务，开展前瞻性、预判性、储备性政策和制度创新研究，为推动中国自由贸易试验区高质量发展提出系统、科学的决策建议。这一考虑，就是我们编写和出版"自由贸易试验区研究丛书"的初衷。

这套丛书聚焦全国自由贸易试验区建设，紧扣国家战略需要，对自由贸易试验区治理、外向型经济发展、制度型开放、法治化建设、区域协同发展、国际合作战略等自由贸易试验区发展中的重大问题领域进行集中探讨，深度挖掘自由贸易试验区建设的理论逻辑、制度逻辑与现实逻辑，多学科、多视角推进自由贸易试验区的理论和实践创新。我们希望通过丛书的编写，能够助力中国自由贸易试验区加快建设成为新时代改革开放的新高地。

我们期待与学界同仁共同推进自由贸易试验区的理论研究，期待与国内外智库、研究机构的交流与合作。

河南财经政法大学

中国（河南）自由贸易试验区研究院执行院长

郭宏

2023 年 6 月 26 日

前　言

　　2018 年底召开的中央经济工作会议首次明确提出，推动由商品和要素流动型开放向规则等制度型开放转变，标志着我国对外开放进入了以制度型开放为主的新阶段。制度型开放的核心内涵是对标高标准国际规则，通过制度探索和制度建设，最终形成一套与高质量市场经济相适应、与国际通行规则相衔接、规范透明的基本制度体系和监管模式。制度型开放既是实施新发展格局战略、促进我国经济高质量发展的必然选择，也是我国应对经济全球化新发展趋势的客观需要。相比商品和要素流动型开放，制度型开放是更深层次、更全面系统的开放，其本质是国内规则制度与国际规则的对接、融合。制度型开放的范围既涉及传统领域，也拓展至新兴领域；相关规则及实践从国际向国内延伸，对外开放从边境措施向"边境后"措施延伸。中国所扮演的角色也从高标准国际经贸规则的跟随者、接受者向参与者、制定者转变。今后一段时期，我国既要持续深化要素流动型开放，又要拓展制度型开放；既要加快对接国际经贸规则，又要积极引领国际经贸新规则、提升我国参与国际合作和竞争的制度型新优势，改革创新任务异常艰巨。

　　自贸试验区是中国制度型开放的实践者和探路者，肩负着国际经贸规则先行先试的重任。制度型开放是自贸试验区建设的核心内涵。自贸试验区自建设之初，就一直强调对标国际先进规则，紧紧围绕制度创新这一核心任务，积极探索与国际投资规则、贸易通行规则相衔接的基本制度框架，在我国制度型开放进程中发挥了示范带动和服务全国的作用。在新发展格局下，制度型开放是自贸试验区新一轮制度创新和功能升级的必然要求。未来，自贸试验区担负国家战略导向性试验的功能将进一步凸显，对制度型开放的引领作用将进一步增强。

　　中国（河南）自由贸易试验区（以下简称河南自贸试验区）自设立以来，坚持"大胆试、大胆闯、自主改",聚焦投资管理、贸易监管、金融开放创新和事中事后监管等领域,大胆创新,取得了大量制度型开放成果,很好地发挥了改革开放"试验田"作用。但对标高标准国际规则、对标"为国家试制度、为地方谋发展"的要求仍存在较大差距,主要表现在:在商品贸易、服务贸易、投资等传统经贸合作领域对接国际通行规则水平不够,对数字贸易、跨境人员流动等新兴领域及政府采购、国有企业、补贴政策、知识产权保护等"边境后"规则探索不足,制度型开放与区域高质量发展要求还未完全适配,自贸试验区引领和带动作用尚未充分发挥等。亟待河南自贸试验区率先打造制度型开放高地,切实发挥引领和带动作用,推动形成全省制度型开放新格局,为全面建设社会主义现代化河南提供坚实支撑。

本书阐明了以自贸试验区建设为引领推进制度型开放的战略思路,在全面分析河南自贸试验区制度型开放成效及其与高标准国际经贸规则和区域发展要求差距的基础上,梳理我国自贸试验区新一轮制度型开放的战略思路和路径措施,进而提出以自贸试验区建设为引领推动制度型开放的政策建议。本书能够为河南乃至其他省份实施制度型开放战略提供参考和借鉴,对促进省域推进新一轮更高水平对外开放具有重要的现实意义,对中国制度型开放战略设计具有一定的参考价值,对从事自贸试验区建设、制度型开放等相关领域的教学和科研人员具有一定的借鉴意义。

本书的主体内容来源于河南财经政法大学中国(河南)自由贸易试验区研究院承担的河南自贸试验区第二批专项课题"以自贸试验区建设为引领推动河南制度型开放研究"(项目编号:2022-ZM-T01-01)的阶段性研究成果。课题组成员主要来自河南财经政法大学中国(河南)自由贸易试验区研究院和中国(河南)自由贸易试验区郑州片区。河南财经政法大学张嘉斐副教授、任爱莲教授等同志为该课题的研究做了大量的工作。该课题的研究得到了中国(河南)自由贸易试验区工作办公室和郑州片区、开封片区、洛阳片区的大力支持,在课题准备及研究过程中,中国(河南)自由贸易试验区工作办公室和三个片区的领导及相关业务负责同志提出了许多宝贵的建议。本书在编写过程中参考了许多专家学者的研究成果。在书稿编排过程中,经济管理出版社杨雪编辑提出了很好的建议。在此,向以上所有给予本书出版提供支持和帮助的同志表示衷心的感谢!

由于笔者水平有限,编写时间仓促,书中错误和不足之处在所难免,恳请广大读者批评指正。

目　录

第一章

绪论

自 2018 年中央经济工作会议首次提出"推动由商品和要素流动型开放向规则等制度型开放转变"以来，各种重要文件对制度型开放进行了全面深入的阐述。2022 年 10 月，"制度型开放"被写入党的二十大报告，标志着我国全面进入了以制度型开放引领高水平对外开放的新时代。制度型开放不仅是我国参与全球经济治理的制度路径，而且是实现更高水平对外开放的核心所在。本章通过对我国对外开放发展历程的回顾，在梳理国家政策文本和学者研究文献的基础上，分析制度型开放的丰富内涵和时代特征，深入把握我国制度型开放的原则和目标。

第一节　我国对外开放的发展概况

一、我国对外开放政策的确定

中华人民共和国成立以后，我国在政治、经济、文化、社会建设等方面取得了巨大成就。但是，由于种种原因，随着形势的发展，高度集中的计划经济体制和闭关自守的对外政策已经越来越不适应我国经济发展的需要，人民群众迫切要求加快经济发展和提高生活水平，如何推进现代化建设的问题引起了举国关注。与此同时，世界经济持续增长，科技进步迅速，一些发展中国家，特别是邻近的亚洲新兴工业化国家、地区的发展成就显著，人民生活水平明显提高。这些国家、地区加快发展的一个重要经验就是对外开放，承接国际产业转移，吸收外资和引进技术，发展对外贸易，在国际竞争中提升竞争力。与此同时，国家决策层还做出了国际局势趋于缓和，和平与发展是当今世界两大主题的重大判断。这些观察、思考和判断，为对外开放决策奠定了认知基础。实行对外开放的重大决策，是在国内要加快发展、外部有重要机遇、国际环境基本有利这三项重要判断的基础上形成的。

1978 年 12 月召开的党的十一届三中全会，是我国改革开放和现代化进程的重要里程碑，明确提出了全党工作重点要转移到社会主义现代化建设上来，启动了我国改革开放的历史进程。党的十一届三中全会公报中关于对外开放，指出要"在自力更生的基础上积极发展同世界各国平等互利的经济合作，努力采用世界先进技术和先进设备，并大力加强实现现代化所必需的科学和教育工作"。对外开放政策的确立揭开了我国经济发展新的序幕。党的十一届三中全会之后，1979 年 3 月，邓小平同志强调指出："我们将会一步一步地采取更加开放的政策""对外开放的政策，我们要继续贯彻下去。"1980 年 1 月，邓小平同志再次强调："开放政策完全符合中国的实际，也符合中国人民的长远利益，中国人民是赞成的。"1981 年 11 月和 12 月，第五届全国人大第四次会议上的《政府工作报告》进一步明确指出"实行对外开放的政策，加强国际经济技术交流，是我们坚定不移的方针"。1982 年 12 月，对外开放政策被正式写入《中华人民共和国宪法》。1984 年 10 月，党的十二届三中全会通过了《中共中央关于经济体制改革的决定》，对外开放被确定为长期的基本国策。

二、我国对外开放的发展历程

对外开放是新中国经济建设中的一项新生事物，没有经验可循，在经济上面对许多变化和不确定性，在政治上面对许多质疑和担忧。因而，我国的对外开放在区域和内容上都采取渐进方式，即在有限区域内先行先试，积累经验，探索道路。正如邓小平同志所说，改革开放初期，我们确实是"摸着石头过河"。综合来看，我国对外开放格局形成的过程可以概括为四个步骤：

第一步是创办经济特区。1979 年 7 月，中共中央、国务院根据广东、福建两省靠近港澳、侨胞众多、资源丰富、便于吸引外资等有利条件，决定对两省的对外经济活动实行特殊政策和灵活措施，给地方以更多的自主权，使之发挥优越条件，抓紧当时有利的国际形势，先走一步，把经济尽快搞上去。1980 年 5 月，中共中央决定在深圳市、珠海市、汕头市、厦门市各划出一定范围的区域，试办经济特区。1983 年 4 月，中共中央、国务院批转了《加快海南岛开发建设问题讨论纪要》，确定对海南实行以对外开放促进岛内开发的方针，决定加快海南岛的开发建设，在政策上放宽，给予较多的自主权。1988 年 4 月，七届全国人大一次会议正式通过了设立海南省和建立海南经济特区两项决定，海南省成为我国最大的经济特区。

第二步是开放沿海港口城市。1984 年 5 月，中共中央、国务院批转了《沿海部分城市座谈会纪要》，决定进一步开放天津、上海、大连、秦皇岛、烟台、青岛、连云港、南通、宁波、温州、福州、广州、湛江和北海共 14 个沿海港口城市。

第三步是建立沿海经济开放区。1985 年 2 月，中共中央、国务院批准了《长江、珠江三角洲和闽南厦漳泉三角地区座谈会纪要》，决定在长江三角洲、珠江三角洲和闽南厦漳泉三角地区开辟沿海经济开放区。1988 年 3 月，国务院发布了《关于扩大沿海经济开放区范围的通知》，决定适当扩大沿海经济开放区，将 140 个市、县，包括杭州、南京、沈阳 3 个省会城市划入沿海经济开放区。1990 年 4 月，中共中央政治局会议原则通过国务院提交的浦东开发开放方案。上海浦东新区成为我国首个国家级新区。

第四步是开放沿江城市、内陆城市和沿边城市。1992 年 7 月，国务院下发《关于进一步对外开放重庆等市的通知》，决定开放长江沿岸的芜湖、九江、岳阳、武汉和重庆 5 个城市。沿江开放对于带动整个长江流域地区经济的迅速发展，对于我国全方位对外开放新格局的形成起到了巨大的推动作用。不久，党中央、国务院又批准了哈尔滨、长春、呼和浩特、石家庄 4 个边境、沿海地区省会（首府）城市，太原、合肥、南昌、郑州、长沙、成都、贵阳、西安、兰州、西宁、银川 11 个内陆地区省会（首府）城市，实行沿海开放城市的政策。同时，从东北地区、西北地区到西南地区，开放黑河、绥芬河、珲春、满洲里、二连浩特、伊宁、博乐、塔城、瑞丽、畹町、河口、凭祥、东兴 13 个沿边城市。沿江、内陆、沿边等开放城市经济的迅速发展，对我国全方位对外开放新格局的形成起到了巨大推动作用。

到 1993 年，经过多年对外开放的实践，不断总结经验和完善政策，我国的对外开放由南到北、由东到西层层推进，基本上形成了"经济特区—沿海开放城市—沿海经济开放区—沿江和内陆开放城市—沿边开放城市"这样一个宽领域、多层次、有重点、点线面结合的全方面对外开放新格局。至此，我国的对外开放城市已遍布所有省区。2001 年 11 月 10 日，在卡塔尔多哈举行的世界贸易组织第四届部长级会议通过了中国加入世界贸易组织的法律文件，标志着我国终于成为世界贸易组织新成员，我国对外开放事业进入了一个新的阶段。2013 年 9 月和 10 月，习近平总书记分别提出了建设"丝绸之路经济带"和"21 世纪海上丝绸之路"的合作倡议，旨在促进与沿线国家的经济合作和互联互通，我国开放的大门越开越大，对外开放的步伐进一步加快。

2013 年 8 月 22 日，国务院正式批准设立中国（上海）自由贸易试验区。2018 年 4 月 13 日，习近平总书记在庆祝海南建省办经济特区 30 周年大会上郑重宣布，党中央决定支持海南全岛建设自由贸易试验区，支持海南逐步探索、稳步推进中国特色自由贸易港建设。2023 年 10 月 31 日，国务院印发《中国（新疆）自由贸易试验区总体方案》；2023 年 11 月 1 日，中国（新疆）自由贸易试验区正式揭牌成立。截至 2023 年底，我国已设立 21 个自贸试验区及海南自由贸易港，形成了覆盖东西南北中的试点格局，我国进入全方位开放新时代。

总体而言，中国的对外开放发展经历了持续推进的过程，逐步扩大了开放的领域和范围。这为中国经济的快速增长和国际合作提供了重要支撑，同时也为世界各国带来了更多的合作机会和共同发展的机遇。

三、我国对外开放的主要成就

对外开放是中国改革开放事业的重要组成部分。40 多年来，对外开放风雨兼程，我国经济社会快速发展，人民生活水平持续改善。我国顺应经济全球化潮流，坚定不移地坚持对外开放基本国策，实现了以开放促改革促发展的重要历史使命，完成了从封闭半封闭经济向开放型经济的转变，开创了全球范围内走开放式发展道路的成功范例。

过去 40 多年的对外开放，为我国经济社会发展不断注入了新的动力和活力，加快了我国现代化进程，推动了我国社会主义市场经济体制的建立和完善，显著提高了我国的综合国力和世界影响力，促进了我国与世界经济的共同发展。1978

年我国对外贸易总额仅为 206.4 亿美元，居世界第 22 位，吸收外资和对外投资都不到 2000 万美元；2022 年我国对外贸易总额已达 42.07 万亿美元，货物贸易已连续 6 年居世界第一，实际利用外资和对外全行业直接投资分别达 1891.3 亿美元和 1465 亿美元，均居发展中国家第一位。1978 年我国对外贸易依存度（进出口占国民生产总值的比重）仅为 9.75%，到 2022 年达到 35.2%；1978 年我国的 GDP 为 3645 亿元人民币，到 2022 年已突破 120 万亿元，达到 121 万亿元，占世界经济份额从 1.8%增长到约 18.06%，连续多年对世界经济增长贡献率超过 30%[①]。

截至 2022 年底，我国已经成为世界第二大经济体、制造业第一大国、第一货物贸易大国、第二大消费市场、第一外汇储备大国。我国某些领域的科技水平也从"跟跑者"向"并行者"和"领跑者"转变，220 多种工业产品产量居世界第一位，制造业增加值连续 11 年居世界第一位。尤其是 2020 年，中国顶住新冠疫情的压力，取得了 2.3%的经济增速，成为全球唯一实现正增长的主要经济体，给全球经济复苏带来了重大利好和信心。

四、我国对外开放的主要特点

实行对外开放，是我国在党的十一届三中全会后坚持实事求是的思想路线，依据马克思主义关于国际经济关系发展的基本原理，总结国际、国内的历史经验做出的重大战略决策。开放已成为当代中国的鲜明标识。2022 年 10 月，中国共产党第二十次全国代表大会强调，中国坚持对外开放的基本国策，坚定奉行互利共赢的开放战略，坚持经济全球化正确方向，增强国内国际两个市场两种资源联动效应，不断以中国新发展为世界提供新机遇，推动建设开放型世界经济。2022年 11 月，习近平总书记在第五届中国国际进口博览会开幕式上，发表题为《共创开放繁荣的美好未来》的致辞，强调"开放是人类文明进步的重要动力，是世界繁荣发展的必由之路""要以开放纾发展之困、以开放汇合作之力、以开放聚创新之势、以开放谋共享之福，推动经济全球化不断向前，增强各国发展动能，让发展成果更多更公平惠及各国人民"。

回顾 40 多年对外开放历程，我国对外开放主要有以下四个特点：第一，我

---

① 资料来源：国家统计局、商务部。

国的对外开放是渐进式开放。我国对外开放是在不断总结经验的基础上，由点到面、由浅入深，以经济特区和沿海开放城市为重点，逐步向中、西部内陆地区推进的，既保证了对外开放的不可逆转，又避免了盲目开放给产业带来的巨大冲击。第二，我国对外开放强调独立自主、自力更生、平等互利，在此前提下，充分利用国际国内两个市场、两种资源，积极发展与世界各国的经济贸易往来。同时，在对外开放过程中坚决维护国家主权、尊严和安全。第三，我国对外开放是以经济开放为基础的全方位对外开放。我国的开放首先是从经济领域开始的，以后也是以经济开放为基础和重点，同时也包括积极发展同其他各国在科学、技术、文化、教育等方面的交流与合作。第四，我国的对外开放是向世界上所有的国家和地区开放。无论一个国家属于什么性质和类型，也无论是穷国还是富国，我国都愿在平等互利的基础上发展同它们的经济贸易关系。

第二节　制度型开放的内涵及时代特征

我国发展的巨大成就是在不断扩大开放中取得的，开放已经成为发展的重要推动力量。同时，扩大开放与深化改革相互促进，经过40多年的改革开放和持续增长，我国经济总量和人均收入显著增加，国内生产要素比例显著改善，参与国际分工的比较优势和外部环境都有明显变化，经济发展和对外经贸关系都呈现许多新特点。这表明，中国正在面临新的机遇与挑战，对外开放进入了一个新的发展阶段，要有新的思路和战略。

长期以来，我国的开放政策一直鼓励出口、限制进口，鼓励资金流入、限制资金流出，有明显的倾向性。这些都是我国国情、发展阶段和产业竞争力所决定的，也是诸多国家在相同发展阶段采用的开放战略。面对当今世界愈演愈烈的单边主义、保护主义和霸权主义，习近平总书记多次在国内外重要场合强调，中国开放的大门只会越开越大，这是中国对世界的郑重承诺，彰显了我国坚定不移推进高水平开放的信心和决心，以实际行动推动建设开放型世界经济的大国形象和责任担当。在此背景下，制度型开放应运而生。目前，学术界对制度型开放的内涵还没有公认的界定，但通过梳理政府文件和专家学者的研究成果，可以对其进行界定并把握其时代特征。

2018年12月，中央经济工作会议首次明确提出"要适应新形势、把握新特点，推动由商品和要素流动型开放向规则等制度型开放转变"。2019年3月，十三届全国人大二次会议上的《政府工作报告》提出"更加注重规则等制度型开放，以高水平开放带动改革全面深化"，明确"加快与国际通行经贸规则对接，提高政策透明度和执行一致性，营造内外资企业一视同仁、公平竞争的公正市场环境"。2019年10月，党的十九届四中全会审议通过了《中共中央关于坚持和完善中国特色社会主义制度 推进国家治理体系和治理能力现代化若干重大问题的决定》，对建设更高水平开放型经济新体制进行了重要部署，强调"健全外商投资准入前国民待遇加负面清单管理制度，推动规则、规制、管理、标准等制度型开放"。2021年3月，《中华人民共和国国民经济和社会发展第十四个五年规划和2035年远景目标纲要》提出，"加快推进制度型开放。构建与国际通行规则相衔接的制度体系和监管模式。健全外商投资准入前国民待遇加负面清单管理制度。建立健全跨境服务贸易负面清单管理制度……健全技术贸易促进体系。稳妥推进银行、证券、保险、基金、期货等金融领域开放，深化境内外资本市场互联互通，健全合格境外投资者制度"。2022年10月，党的二十大报告提出，稳步扩大规则、规制、管理、标准等制度型开放。2022年12月，中央经济工作会议进一步明确了制度型开放的路径，提出"要积极推动加入全面与进步跨太平洋伙伴关系协定和数字经济伙伴关系协定等高标准经贸协议，主动对照相关规则、规制、管理、标准，深化国内相关领域改革"。

制度型开放是关于对外开放的新表述，制度型开放的提出开启了我国全面对外开放新阶段。中国对外开放已从由器物层面转变为制度层面，即由商品、要素流动转变为以规则、制度开放为基础的新阶段。要深刻领会制度型开放对高水平开放的重要性，从内部推动现行规则、制度逐步向高标准新规则趋近，打通各种壁垒，畅通国内国际双循环，进一步推动经济社会高质量发展。

一、制度型开放的内涵

制度型开放不仅是简单地扩大市场准入和自由贸易，还要深化经济制度改革，建立健全市场经济体制和法治环境。制度型开放的提出意味着在对外开放过程中，仅仅依靠市场开放和贸易自由化是不够的，还需要在制度层面上进行改革和完善，以促进经济的可持续发展和提高国际竞争力。

学者们对制度型开放的界定有两种：一种是 2018 年中央提出制度型开放之前的有关阐释。如梁修琴（2003）认为中国正式加入世界贸易组织之前，以特殊政策为特征的对外开放，构成了中国政策型开放的历史发展阶段，这个阶段是中国走向开放型市场经济的必经阶段。加入世界贸易组织把中国对外开放推到体制接轨阶段，即制度化开放阶段，中国从政策型开放向制度型开放转变，主要用法律、制度去规范各地的对外开放，从根本上解决在政策型开放条件下的各种问题，促进国内不同区域间政策和制度的协调和融合，使各种经济利益主体处于平等的竞争地位。江小涓（2008，2010）在对中国开放 30 年进行回顾与展望时指出，要完善开放体制，第一个方面是向"中性"开放体制转变，经过 30 多年改革开放，我国已初步建立社会主义市场经济体制，市场配置资源的作用不断增强，这些对资金跨境双向流动都具有重要意义，对资金跨境流动实行"奖入限出"政策的理由已经消失或弱化，应该转向"中性"开放体制，同等对待资金流入和流出，即在企业自主权、市场地位、税制、外汇管制、行政许可等方面，对贸易和要素的双向流动都给予平等地位，没有特殊和突发因素，不再特别支持或约束某个方面，实现商品、服务、要素和人员更加自由的双向流动。开放工作改进的重点包括：一是在出口和进口之间保持"中性"，改变鼓励出口和限制进口的政策。二是要在吸收外资和对外投资之间保持"中性"，改变鼓励吸收外资和限制对外投资的政策。三是在本土企业和外资企业之间保持"中性"，改变特别优待外资的政策导向。要做到"中性"，要求政策、体制和法律都做相应调整，这种调整不仅针对直接与涉外经济相关的内容，还包括一些深层次的体制机制问题。第二个方面是从政策型开放转向制度型开放。中国对外开放的一个基本经验就是实行政策引导的渐进式开放。在这个过程中，不同地区、不同行业、不同类型的企业、不同贸易和投资方式有不同的政策环境，虽然方向都是不断扩大开放，但政策差异明显并且多变，开放体制始终没有定型，长期稳定的预期难以形成。直到加入世界贸易组织以后，我国对外开放领域中的制度建设才大大加快，基本上形成了开放型经济所需的体制架构和法律框架。要推进体制进一步完善和定型，一是开放体制法制化。要加快完善涉外经济法律法规体系，反映和遵循开放型经济发展的客观规律，坚持各类经济主体地位平等即国民待遇原则，对各类财产权实施平等保护原则、合同自由原则、公平竞争原则等。同时要提高执法水平。二是开放体制"中性化"。三是开放体制国际化。在体制改革和制度创新中，更多更好地借鉴国际经验，使我们的体制符合国际惯例。这有助于理顺外部关系，推动全球公共治理的发展。

另一种是 2018 年以后，学者们关于制度型开放的界定多数是对中央文件的补充和拓展，认为"制度型开放"是规则、标准的对接融合，要从适应遵守向参与制定国际通行的经贸规则体系转变。陈福利（2019）认为制度型开放是通过与国际投资规则接轨促进外商投资的，周学智（2019）则认为制度型开放通过构建国际化的制度环境提升外商直接投资（FDI）的吸引力。东艳（2019）认为制度型开放侧重于在贸易规则上与国际接轨，通过打造高质量的经贸规则体系降低商品跨境流通成本。李大伟（2020）认为通过制度型开放，积极构建和其他经济体的全领域规则协调机制，逐步形成适应新时代制度型开放要求的国家安全维护机制，能够有效提升我国规则体系的正向外溢效应，为世界经济和本国经济创造一个相对良好的规则环境。迟福林（2020）认为制度型开放的目的是推进国内制度改革和市场化改革深化。杨剑等（2021）认为制度型开放过程中，政府在资源配置方面的制度构建和制度探索，深刻体现了以开放促改革、以改革促开放的重要内容。裴长洪和彭磊（2021）认为制度型开放包括参与全球经济治理、积极为全球提供公共产品等。薛熠（2023）认为从经济角度看，制度型开放要对标高标准国际经贸规则；从全球治理层面看，制度型开放是深度参与全球治理的战略路径。

总之，制度型开放是相对商品和要素流动型开放而言的。商品和要素流动型开放的主要手段是边境措施，如关税壁垒、非关税壁垒、贸易便利化、货币可兑换、自然人流动等。制度型开放的主要手段是边境内体制改革，主要聚焦规则与制度层面的改变，是与竞争中立、司法审查、知识产权保护制度性改革有关的措施。因此，相对于商品和要素流动型开放，制度型开放强调市场规则的制定和执行，注重公平竞争，保护知识产权，提高政府决策的科学性和透明度，为企业和个人提供良好的发展环境。制度型开放以规则和制度改革创新为核心，主动对标和对接国际先进的规则、规制、管理和标准，同时积极参与国际经贸规则的制定，构建与国际规则相衔接、规范透明的基本制度体系和监管模式，以更加优化的营商环境和可预期的制度环境，更好统筹国内国际两个市场、两种资源，加快构建新发展格局。推进制度型开放，有利于我国加快构建开放型经济新体制，实行高水平对外开放，为国内外企业提供公平、公正、透明的经营环境，增加国内外投资者的信心，提高经济的活力和竞争力，促进经济高质量发展。同时，推进制度型开放有助于提高我国的国际竞争力，促进与其他国家的合作与共赢。

二、制度型开放的时代特征

我国对外开放在空间拓展方面经历了从设立经济特区到沿海、沿江、沿边地区和内陆省会城市，再到东部、中部、西部地区的渐次开放，同时在开放层次上经历了商品和要素流动型开放阶段（1978～2013 年）、从商品和要素流动型开放向制度型开放过渡阶段（2013～2018 年）、制度型开放阶段（2018 年至今）三个阶段，目前正处于第三个阶段的初期。制度型开放打破了国际经济制度与国内经济制度相割裂的状态，实现了国际与国内经济制度融通，即本质上表现为"境内开放"，更加注重"规则"的导向性、标准性、法治性。制度型开放是更加深入、更加全面、更加系统和更加公平的开放，是对接现有国际通行规则、不断推动构建以规则为导向的开放型世界经济的开放，是我国适应经济全球化新阶段要求的必然选择，具有鲜明的时代特征。

（1）更加全面的开放。当前我国对外开放呈现全方位、多层次、宽领域的特点。制度型开放已经不仅是简单地打开国门便于投资贸易往来，而是范围更广、领域更宽的开放。从范围上看，制度型开放不仅涉及传统的进出口贸易制度、服务贸易管理制度、外资管理制度，新兴的数字贸易、跨境研发合作等新兴跨境经贸合作的相关管理制度也是制度型开放的范畴。制度型开放不再像之前设立经济技术开发区、高新技术产业开发区那样进行简单开放，而是制度、观念、文化、思维方式等层面的开放，不仅涵盖已被纳入世界贸易组织等规则体系的制度，还包括各个行业内部规则或标准的重塑。

（2）更深层次的开放。商品和要素流动型开放的政策制度主要采取边境措施，通过降低关税及非关税壁垒，实现贸易和投资自由化。制度型开放重在"边境后"开放，对外开放的重点向国内制度层面延伸，目的是实现规则、标准等制度的"引进来+走出去"，在知识产权、绿色环保、劳动用工（人才流动）、竞争中性、争端解决、数据流动等方面与不断迭代的、门槛越来越高的国际经贸新规则接轨，是规则、规制、管理、标准等国内政策举措与国际制度的对接，所需对接的规则、标准等制度已从"边境"措施延伸至"境内"措施，如标准一致化（知识产权、环境、劳工等）、竞争一致化（竞争政策、投资、国有企业、政府采购等）、监管一致化（法治、反腐败、监管协同等）。因此，过去"要素流动"的对外开放主要特征是商品和生产要素的自由流动，可以理解为商品的进出口；现在"要素分工"的对外开放主要特征是规则、规制、管理、标准的无缝衔接，可以理解为制度的进出口。

（3）更加系统的开放。在商品和要素流动型开放阶段，更多的是在"公平、互惠、对等"原则下，实现对外开放的国际与国内制度的统一和协调，即追求"国内制度国际化、国外制度本土化"。制度型开放强调制度政策的系统性、协调性和融合性。制度型开放不仅在协调领域上更加宽泛和细化，还需要更高的协调程度，体现出制度型开放更加注重协调、兼容乃至一致的内在特征。改革与开放的相互促进关系更加紧密，在规则、规制、管理和标准等部分领域实现改革与开放的高度统一。因此，过去的对外开放可以说是摸着石头过河，而现在推进制度型开放，我们有经验、有思路、有办法系统推进，形成了系统性成果。制度型开放更加注重顶层设计，最终要形成一整套与开放型经济发展相适应的制度体系和监管模式。

（4）更加精准的开放。制度型开放的重点向国内制度层面延伸，将基于不同产业、不同区域的不同特征，设计不同的开放制度体系。对于产业来讲，开放重点由要素和资本等准入环节向整个生产经营环节拓展，需要重构开放型行业管理制度。对于区域来说，不同区域的产业体系不同，开放政策制度的设计也有所不同，因此需要量身定制差异化的政策制度。总之，在制度型开放阶段，需要量身定制产业开放策略及政策制度体系，量身定制新的开放平台载体及其政策制度体系，推动更高水平对外开放。

（5）更加公平的开放。传统的开放主要靠打造政策洼地来集聚资源和要素，在促进经贸增长的同时，也带来了歧视性竞争、同质化竞争等弊端，如有些地方通过优惠政策来招商引资，就引起了一些不正当竞争。制度型开放作为开放升级的"新版本"，则以外资准入前国民待遇负面清单管理为重要特征。外资准入前国民待遇是指在企业设立、取得、扩大等阶段给予外国投资者及其投资不低于本国投资者及其投资的待遇，准入前国民待遇的实质是外商投资的管理模式问题，它要求在外资进入阶段给予国民待遇，即引资国应就外资进入给予外资不低于内资的待遇。外资准入前国民待遇通常与负面清单管理制度相结合。负面清单管理是指减少外资限制措施，有效利用外资推动经济高质量发展。这种变化说明，制度型开放更加注重竞争中性和规则公平，对国有企业、民营企业和外资企业等各类市场主体一视同仁、平等对待，市场准入内外资标准一致。

这些时代特征反映了制度型开放在不断演进中的新趋势和新要求，对于促进我国经济发展、增强国际竞争力具有重要意义，反映出在推进制度型开放过程中，要更加注重深化改革。制度型开放不仅强调市场开放和贸易自由化，还要求在制度层面上进行改革和完善。这包括市场化、法治化、金融体制、知识产权保护等多方面的改革。通过改革不断完善制度，为经济发展提供更好的制度环境，更加注重创新驱动。在制度型开放背景下，创新成为推动经济发展的重要引擎，要注重知识产权保护、支持科技创新、促进创新创业、培育创新型企业等，为创新提供更好的制度支持和市场环境；要进一步树立全球视野，在全球化背景下，国家之间的联系和依存度日益增强，制度型开放要求更加积极主动地参与全球经济合作与竞争，促进国际贸易和投资，积极参与全球经济治理和多边贸易体制的改革；要更加注重可持续发展，通过建立健全的法治环境和市场机制，推动经济的可持续发展，平衡经济增长与资源环境的保护，注重生态文明建设，实现经济发展与社会进步、环境保护的良性循环；要积极推进全面开放，在坚持开放的基础上，逐步扩大开放的领域和范围，加强国际合作与交流，推动自由贸易和投资便利化，建设更高水平开放型经济新体制。

第三节　制度型开放的发展实践

对外开放40多年来，我国作为全球化的深度参与者，迫切需要有持续稳定的外部良好环境，有可预测的国际规则和行动前景。从国际环境来看，发达国家在经济科技上仍占优势，各国围绕资源、市场、技术、资金、人才的竞争更加激烈，各国都力求从各自利益出发。影响全球化走势和国际规则的制定与调整。特别是一些发达国家以国家安全、国内就业等为借口，重拾贸易保护主义和投资保护主义，干扰发展中国家进一步参与全球化。无论是在商品和要素流动型开放阶段，还是在从商品和要素流动型开放向制度型开放过渡阶段，抑或是在制度型开放阶段，我国始终注重积极推进与经济社会发展阶段相适应的制度型开放的实践探索，积极推动各个层面的协调开放，维护和发展符合我国根本和长远利益的开放环境。

一、我国典型的制度型开放发展实践

目前，我国采取了一系列措施和政策积极推进制度型开放。例如，扩大面向全球的高标准自由贸易区网络、对标高水平自贸协定、主动完善相关制度，建立和完善涉外经贸法律和规则、制度体系，营造更加市场化、法治化、国际化的营商环境，等等。以下是我国一些典型的制度型开放发展实践。

（1）建立自由贸易试验区。自由贸易试验区是我国制度型开放的典型实践之一。通过设立自由贸易试验区，放宽市场准入，降低贸易壁垒，提高贸易自由化水平。例如，自 2013 年 9 月起，我国先后设立了 22 个自由贸易试验区（港），如上海自贸试验区、广东自贸试验区、天津自贸试验区等，通过一系列制度创新，推动贸易和投资自由化、便利化。

（2）改革金融体制。金融体制改革是制度型开放的重要实践。我国为推动金融市场开放，放宽对外金融机构的准入，增加金融产品的创新，提高金融服务的质量和效率，实施了一系列金融体制改革，包括扩大外资金融机构的市场份额、推动人民币国际化、促进资本市场开放等。

（3）加强知识产权保护。知识产权保护是制度型开放的重要内容。例如，通过加强知识产权法律法规的制定和执行，建立健全知识产权保护制度，打击侵权盗版行为，加强知识产权执法力度。同时，通过积极推动知识产权保护，加强合作与交流，提升自主创新能力和技术转移。

（4）提升法治环境。建立健全的法治环境是制度型开放的重要保障。通过加强法制建设，完善法律法规体系，加强司法体制改革，提高司法公正性和透明度。例如，我国设立了知识产权法院和金融法院，专门审理相关案件，加强知识产权和金融领域的司法保护。

（5）积极参与国际合作。制度型开放强调积极参与全球经济合作与竞争。通过加强与其他国家的合作与交流，积极参与国际经济组织和多边贸易体制的改革，推动自由贸易试验区建设。例如，我国提出的共建"一带一路"倡议兼具区域合作、国际协议等特点，开创了中国外交的新实践和国际合作的新模式，是积极参与国际合作的良好典范。

二、我国推进制度型开放过程中的标志性事件

虽然渐进式和适应性是我国对外开放的突出特征，但是制度型开放的理念在中国改革开放的历程中及双边、多边贸易协议中均有体现。我国在推进制度型开放过程中，有几件至关重要的并且具有标志性意义的大事。

（1）正式加入世界贸易组织。从改革开放到加入世界贸易组织之前这段时间，我国一直稳步推进区域开放，逐步形成了"经济特区—沿海开放城市—沿海经济开放区—沿江和内陆开放城市—沿边开放城市"依次推进的对外开放格局。从加入世界贸易组织开始，我国在世界贸易组织框架下通过制度学习，主动与国际通行规则对接，积极融入全球化，主动参加与成员国之间的投资贸易多双边协定和关于电子商务、服务贸易等领域的倡议协议，做多边贸易体制的坚定维护者，同各方共同维护世界贸易组织权威性和有效性，推进全球贸易投资自由化、便利化。在加入世界贸易组织以后，我国为适应世界贸易组织规则，围绕制度型开放付出了一系列努力，经历了一个从"世界的"到"中国的"转变的过程。可以说，加入世界贸易组织是中国推进制度型开放的开端，也是制度型开放最重要的组成部分。

（2）《区域全面经济伙伴关系协定》正式生效。《区域全面经济伙伴关系协定》（Regional Comprehensive Economic Partnership，RCEP）包括东盟十国（文莱、柬埔寨、印度尼西亚、老挝、马来西亚、菲律宾、新加坡、泰国、缅甸、越南）和中国、日本、韩国、澳大利亚、新西兰共15个成员国。该协定最初由东盟十国发起，邀请中国、日本、韩国、澳大利亚、新西兰、印度参加，旨在通过削减关税及非关税壁垒，建立一个16国统一市场的自由贸易协定。谈判开始于2012年11月，涉及中小企业、投资、经济技术合作、货物和服务贸易等十几个领域，历经8年谈判，于 2020 年 11 月 15 日签署，最终于 2022 年 1 月 1 日生效。2023 年 6 月 2 日，随着 RCEP 对菲律宾正式生效，RCEP 对 15 个成员国全面生效（印度因"有重要问题还未解决"暂时没有加入协定），全球最大的自由贸易区进入全面实施新阶段。RCEP 协定中有 701 条约束性义务，包括关税减让、海关程序简化、原产地规则技术准备、产品标准、服务贸易开放措施、投资负面清单承诺、知识产权全面保护承诺及行政措施和程序合规等一系列领域的义务，涉及制度型开放的规则、管理、标准等内容大幅增加。货物贸易零关税和服务贸易"负面清单管理"，让制度型开放成为 RCEP 的鲜明特征。RCEP 的全面生效充分体现了 15 个成员国支持开放、自由、公平、包容和以规则为基础的多边贸易体制的决心和行动，将为区域经济一体化注入强劲动力，全面提升东亚贸易投资自由化便利化水平，助力地区经济和全球经济长期稳定发展。RCEP 的全面生效将为我国构建新发展格局提供强劲动力，是我国全面贯彻新发展理念的成功实践，是东亚经贸合作的里程碑和重要平台，标志着我国自由贸易试验区建设进入新阶段，更是我国主动推进制度型开放的生动实践。我国将持续推进高质量实施 RCEP，为各地方、各行业和广大企业深入实施和用好该协定提供指导和服务，推动协定红利持续释放，充分发挥 RCEP 在促进产业链供应链合作、推动高水平开放和高质量发展等方面的积极作用；同时，将与其他各方一道，履行好协定义务，不断加强 RCEP 机制建设，提升协定的整体实施水平，为 RCEP 合作行稳致远提供有力保障。

（3）共建"一带一路"倡议。"一带一路"倡议（The Belt and Road Initiative）以共商共建共享为原则，以政策沟通、设施联通、贸易畅通、资金融通和民心相通为主要内容，为世界提供了一个全新的国际公共产品和国际合作平台，为全球治理改革提供了新出路，为经济全球化做出了中国贡献，成为中国全方位对外开放的新举措。目前，共建"一带一路"倡议得到了越来越多国家和国际组织的积极响应，受到了国际社会的广泛关注，影响力日益扩大。在共建"一带一路"倡议下建设的一大批基础设施项目为沿线国家和民众带去了福祉。

（4）对接更高标准的投资贸易协定。2021 年 9 月，我国政府郑重提出加入《全面与进步跨太平洋伙伴关系协定》（Comprehensive and Progressive Agreement for Trans-Pacific Partnership，CPTPP）的申请。CPTPP 基本上保留了《跨太平洋伙伴关系协定》（Trans-Pacific Partnership，TPP）95% 的条款，是开放透明、互

利共赢的区域自由贸易安排，也是当今世界最高标准的自由贸易协定。CPTPP涵盖日本、加拿大、澳大利亚、智利、新西兰、新加坡、文莱、马来西亚、越南、墨西哥和秘鲁11国，于2018年12月30日正式生效，对促进亚太区域的商品、服务及技术、人才、资金、数据等要素自由流动和经济共同发展具有重要意义。2021年11月，我国正式提出加入《数字经济伙伴关系协定》（Digital Economy Partnership Agreement，DEPA）的申请。DEPA由新加坡、智利、新西兰三国于2020年6月12日签署。虽然DEPA是一个比较新的协定，而且体量规模较小，是由三个经济体量较小的国家提出的，但它是在现有贸易和投资协定之外，单独提出的关于数字经济的协定，是全球第一个关于数字经济的重点规则安排，为全球数字经济制度安排提供了模板。中国积极考虑加入CPTPP、DEPA，意味着将会以更高水平的开放促进国内改革与发展，不仅指明了中国拓展自由贸易区网络的方向，也体现出中国将改革开放进行到底的精神，更说明中国对外开放将继续向着更大范围、更宽领域、更深层次的方向前进。

正式加入世界贸易组织、推进自贸试验区建设、RCEP正式生效、共建"一带一路"倡议、积极考虑加入CPTPP和DEPA等高标准的投资贸易协定是我国自主推进制度型开放的生动实践，也是我国自主推进制度型开放的重要成果。新时代我国推进制度型开放的重点从学习、适应转变为创造、推广，将致力于推动"中国的"转变为"世界的"，意味着在全球经济治理中，中国将有更多的话语权和规则制定权，也意味着未来将有更多的中国经验走向世界，将有更多的中国首创规则在世界通行。

第四节　新时期推进制度型开放的原则和目标

一、新时期推进制度型开放的原则

我们要充分理解我国自身情况的变化和全球化的最新进展，充分理解全球化时代各国利益关联日益密切的现实态势，以积极态度与各国共同参与全球经济事务，扩大沟通合作，为调整完善相关国际准则贡献中国智慧。在新时期推进制度型开放，需要遵循以下原则：

（1）解放思想和坚持原则并重。制度型开放必然要对很多现行法律、法规、区域发展政策和产业标准等进行大幅度调整，甚至包括一些具有一定合理性和必要性的制度；但制度型开放要以更符合新时代要求、更促进要素优化配置、更符合国际惯例的新规则代替现有规则。因此，政策设计者要解放思想，不能犹豫不决、裹足不前，同时在设计新规则时要坚持实事求是原则，不能全盘否定现有制度。

（2）借鉴学习和积极创新并重。制度型开放要求与国际通行规则，特别是与发达经济体的国际高标准经贸规则进行对标对表，且这种对标对表不是简单地照搬照抄，而是创造性的学习、借鉴和修正。发达经济体的经贸治理体系比较完善，在全球经贸合作中的影响力较大，应积极学习这些先进的规则体系；但发达经济体的相关规则是维护其自身利益的，有些规则的科学性和合理性有待商榷，也不一定适用于中国国情。同时，数字贸易、服务贸易等新领域、新问题的规则正在不断形成和发展。因此，制度型开放既要借鉴学习发达经济体的相应规则体系，更要在借鉴的基础上勇于创新，构建出更合理、更科学、更公平的新型规则体系。

（3）系统设计和重点实施并重。制度型开放不仅包含产业和要素市场制度开放，还包括商事制度、行业制度等传统对外开放不涉及的领域，覆盖范围广、涉及领域宽。因此，一方面要进行高水平的系统性方案设计，将制度型开放和各个重点领域的深化改革进行有机结合，循序渐进地向前推进；另一方面要在重点领域、重点区域针对关键问题进行攻关，加大体制机制创新力度，为各项重大任务的全面推进实施奠定良好基础。

（4）内部收益和外部影响并重。制度型开放的首要目标是服务于我国经济高质量发展，因此制度设计和改革首先要以推动我国经济高质量发展为前提；但制度型开放的相关领域会产生明显的外溢效应，导致其他经济体进行相应的制度变革，而这种制度变革可能会影响我国经济高质量发展。因此，制度型开放在进行制度设计和改革推进时，要充分考虑对其他合作方经济发展的影响，尽可能实现既有利于我国经济的高质量发展，又有利于深化互利共赢的开放合作。

（5）经济发展和维护安全并重。制度型开放要着眼于引进各类高端要素、促进国内企业和国际企业进行良性竞争合作。但是，就像商品和要素流动型开放一样，制度型开放在客观上也会对我国经济、社会、文化、信息等各方面的安全带来挑战。因此，要统筹发展与安全，处理好经济发展和维护国家安全之间的关系，构建更高水平的安全维护制度，在实现高效商品要素自由流动的基础上有效维护我国的国家安全。

这些原则将为推进制度型开放提供指导和参考，有助于促进经济的可持续发展和提高国际竞争力。在实践中，需要根据具体情况和发展阶段，结合国内外环境变化，灵活运用这些原则。同时，还需要不断总结经验教训，及时调整政策措施，确保制度型开放的推进与经济社会发展的协调一致。通过这些原则，国家可以不断完善制度环境，提升市场活力和竞争力，吸引更多的国内外投资，推动经济持续健康发展，实现共同繁荣和可持续发展的目标。

二、新时期推进制度型开放的目标

制度型开放通过对内系统性的"边境"制度体系和"边境后"制度体系的协同发力，形成与国际通行经贸规则相衔接的、规范透明的基本制度体系和监管模式；对外提升与国际经贸规则的相容性，积极参与制定世界经贸规则，提升国际影响力，致力于推动形成符合时代特征和发展需要的国际多边体制。为此，要努力实现以下目标：

（1）重点领域开放水平进一步提升。商品贸易领域关税继续降低，2035年最惠国平均关税水平降至3.5%左右；制定服务贸易负面清单，缩减外商投资准入负面清单，2035年外资市场准入水平达到发达国家水平。构建有利于吸引全球高素质人才的人才流动制度。提升数字贸易治理体系和发达经济体的相容度，制定数字化商品贸易和数字基础设施建设规则，创建数字贸易规则机制。

（2）高水平"边境后"制度体系更加健全。推进知识产权保护制度和国际规则接轨，构建知识产权国际合作机制。完善涉外经济法律法规体系，促进各类经济主体地位平等、对各类财产权平等保护，加快实施"竞争中性"规制。制定国有企业竞争中性政策，主动参与国际国有企业规则制定，制定国有企业规则和标准，完善国有企业信息披露制度，增强国有企业透明度。对标CPTPP和

DEPA 等经贸规则，优化和创新补贴政策，建立公平竞争审查制度。完善政府采购管理制度，制定合规合理的政府采购政策。

（3）国内外规则更加协调。边境制度和"边境后"制度更加协调，国内规则制度和国际通行规则制度更加相容，制定与国际经贸规则相衔接的内部协调机制。行业标准国际化水平大幅度提高，形成和国际通行规则体系相容、符合全球化深入发展需求的行业规则体系，国内不同地区的规则一致性显著提升。

（4）制度型开放保障机制更加完善。政府管理体制更加高效、便利、透明。健全外商投资国家安全审查、反垄断审查、国家技术安全清单管理等制度，建设高水平经济安全体制。对境内要素应用进行严格管理，建立维护国家安全新机制，提升安全维护机制的精准性、科学性和灵活性。构建制度型开放的协调机制，强化贸易投资部门协调机制，加强并优化边境后制度协调，制定系统性开放方案，协调重大改革开放任务；建立健全行业标准、规则协调机制。构建制度型开放效应综合评价机制，建立制度型开放的外溢效应全过程评估机制。

（5）推动完善规则导向的全球治理体系。积极参与全球制度型公共产品供给，推动全球治理体系朝着更加公正合理的方向发展。主动参与全球治理体系改革和建设，参与、引领制定电子商务、跨境电商、移动支付、共享经济等新兴领域的国际经贸合作新规则，提供全球公共产品并成为国际规则的发源地，在国际规则制定中发出中国声音，提出中国方案。

这些目标旨在推动经济发展的转型升级，提高国家的综合竞争力，并实现人民群众对美好生活的向往和社会的可持续发展。在实践中，需要根据我国及相应地区的具体条件和发展阶段，有针对性地制定政策措施，不断推进制度型开放目标的落实。同时，需要密切关注国际形势的变化和全球经济的动态，灵活应对外部风险和挑战，保持战略定力，坚持开放合作，推动制度型开放与国内外发展良性互动。

第二章

我国自贸试验区建设历程及制度型开放实践

第一节　我国自贸试验区建设概述

上海自贸试验区的设立，实施共建"一带一路"倡议，积极对接加入 CPTPP 和 DEPA 等高标准投资贸易协定——我国一直致力于积极参与全球经济治理和多边贸易投资体制的改革，促进与其他国家的合作与共赢，在兼顾开放和安全的前提下，积极推进高水平对外开放，稳步推动制度型开放。从加入世界贸易组织到《区域全面经济伙伴关系协定》正式生效的 20 年，其实也是我国推进制度型开放的 20 年，尤其是上海自贸试验区的设立，开启了我国推进制度型开放的新篇章。

一、我国自贸试验区的设立背景

我国自贸试验区的设立是适应世界经济发展的新形势，结合我国改革开放的需求及经济发展的新常态，面对新问题、新挑战、新机遇，审时度势做出的一项重要战略举措。

（1）从国际情况来看，建设自贸试验区是顺应世界经济形势发展的迫切需要。20 世纪末以来，特别是全球金融危机发生后，各国意识到随着经济全球化不断加强，经济危机的影响更容易在全世界范围内蔓延。受经济危机不同程度的影响，发达国家与新兴经济体的经济增长趋势逐渐分化，不同经济体的经济利益需求产生了分歧，由于以世界贸易组织为代表的全球多边贸易体系涉及成员众多且差异巨大，导致各方利益需求难以达到平衡，多边贸易规则体制发展受阻。相比多边贸易规则体制，同一区域内各个国家经济条件和需求相似程度更高，以双边协定为主的区域性自由贸易协定更容易实现。于是，越来越多的国家和地区开始通过签署区域性自由贸易协议并设立自由贸易区，加强区域内经济交流，力求重新构建更高标准的自由化、便利化投资贸易规则，从而降低交易成本，促进经济发展。与此同时，部分发达国家重拾贸易保护主义和单边贸易主义，国际贸易结构正伴随着各国产业结构的升级而经历着深刻的变化，由传统的货物贸易逐渐向新兴高端产业转变，中高端制造业、现代服务业在国际贸易中所占比重不断提高，对各国产业结构转型形成了新的阻力。

全球经济发展形势、国际贸易投资规则和贸易结构的新变化，既给中国扩大对外开放带来了新的机遇和挑战，也提出了更高的要求。为此，为缓解日趋复杂的全球经济环境带来的压力，建立自由贸易试验区，先行试验国际经贸新规则、新标准，积累新形势下参与双边合作、多边合作、区域合作的经验，为与发达国家开展相关谈判提供实证样本和依据参考，进而为我国参与国际经贸规则的制定提供有力支撑，为我国在国际经济合作中获取更多话语权积累经验，是我国主动融入世界经济发展趋势、提高国际竞争实力、积极参与全球治理的重要战略。

（2）从国内情况来看，建设自贸试验区是适应高水平对外开放和全面深化改革的现实需要。我国过去 40 多年改革开放取得了丰硕的成果，经济发展水平一度保持高速增长。尽管我国经济总量逐年攀升，但是自 2011 年前后，其增长幅度明显减小，增速呈现疲弱状态，意味着我国经济开始进入转型发展阶段。基于中国特色社会主义进入新时代的历史方位、社会主要矛盾与发展格局的重要变化，着眼于我国发展阶段、发展环境、发展条件面临的机遇与挑战，2017 年党的十九大报告指出，中国特色社会主义进入新时代，我国经济已由高速增长阶段转向高质量发展阶段。新的发展阶段，需要在更高起点、更高目标和更深层次上形成更高水平的开放新格局，推动经济高质量发展。长期以来，我国贸易和投资侧重于货物贸易领域，对服务贸易和投资领域重视不够，而世界经济的引擎已渐渐由货物贸易转向服务贸易和投资，并且相应的贸易规则和投资规则也在发生深刻的调整。因此，基于国内不同区域之间资源禀赋、发展水平、现实需要等方面的差异，在条件较为成熟的地区先行先试，分批次设立自由贸易试验区，在推进制造业全面开放的同时，积极扩大服务业对外开放，构建有利于货物贸易与服务贸易、引进外资与对外投资并重的开放型经济新体制，对探索经验、深化改革、引领高水平开放具有重要的现实意义。

开放和改革相互推动是我国过去 40 多年改革开放形成的一条根本经验。随着我国改革进入攻坚期和深水区，深层次利益关系和矛盾集中凸显，经济转型压力剧增，增长阻力越来越大。在新发展阶段，我们需要借鉴以往以开放促改革的做法，再次面向世界扩大开放，借助外力倒逼国内改革。自贸试验区改变了过去单纯依靠财政税收、政策优惠引进技术和资本的传统模式，通过探索改革创新、试点政策，加快推进经济结构优化升级，打造市场化、法治化、国际化的营商环境，提高国际竞争力，吸引外资，促进贸易自由化和便利化，推动经济高质量发展。自贸试验区的"试验"两个字，强调了自贸试验区的核心功能是制度创新，以及进行深化改革和不断扩大开放的风险测试、压力测试。因此，设立以制度创新为核心的自贸试验区，成为新时期我国对外扩大开放、对内深化改革，促进开放与改革双轮驱动发展的有效手段。

二、我国自贸试验区的发展历程及现状

建设自由贸易试验区是党中央、国务院在新形势下全面深化改革和扩大开放的战略举措。自 2013 年 9 月上海自贸试验区设立以来，我国已设立 22 个自贸试验区（含海南自由贸易港），形成了覆盖东西南北中的试点格局。

1. 我国自贸试验区的发展历程

2013 年 9 月，国务院印发了《中国（上海）自由贸易试验区总体方案》，上海自贸试验区实施范围 28.78 平方千米，涵盖四个片区：外高桥保税区、外高桥保税物流园区、洋山保税港区和上海浦东机场综合保税区。2014 年 12 月 28 日，全国人大常务委员会授权国务院扩展中国（上海）自由贸易试验区区域，将面积由 28.78 平方千米扩展到 120.72 平方千米。2019 年 8 月 6 日，国务院印发《中国（上海）自由贸易试验区临港新片区总体方案》，上海自贸试验区增设临港新片区，规划总面积 873 平方千米。

2015 年 4 月，国务院印发通知，批复设立广东自贸试验区、天津自贸试验区、福建自贸试验区。

2017 年 3 月，国务院印发通知，批复设立辽宁自贸试验区、浙江自贸试验区、河南自贸试验区、湖北自贸试验区、重庆自贸试验区、四川自贸试验区、陕西自贸试验区。

2018 年 4 月，习近平总书记在庆祝海南建省办经济特区 30 周年大会上郑重宣布，党中央决定支持海南全岛建设自由贸易试验区。2018 年 10 月 16 日，国务院发布了《国务院关于同意设立中国（海南）自由贸易试验区的批复》，实施范围为海南岛全岛。

2019 年 8 月，《国务院关于同意新设 6 个自由贸易试验区的批复》印发，批复设立山东自贸试验区、江苏自贸试验区、广西自贸试验区、河北自贸试验区、云南自贸试验区、黑龙江自贸试验区。

2020 年 9 月 21 日，国务院印发通知，批复设立北京自贸试验区、湖南自贸试验区、安徽自贸试验区，批复浙江自贸试验区扩展区域方案。

2023 年 10 月，国务院印发《中国（新疆）自由贸易试验区总体方案》。2023 年 11 月 1 日，我国第 22 个自贸试验区——新疆自贸试验区挂牌成立。

2. 我国自贸试验区的发展现状

自设立以来，全国各自贸试验区坚持以制度创新为核心，以可复制、可推广为基本要求，对标高标准国际经贸规则，在政府职能、贸易投资、金融创新、法律法规、产业发展等多领域深化改革创新，开展了一系列试点探索，各方面建设均取得了显著成效。但是从其承担的历史使命和建设实践来看，自贸试验区发展也存在试验空间受限（受单个片区面积过小或者地理空间上过于分散的影响，难以承载系统集成性改革和大型新兴项目建设）、制度集成创新不够（自贸试验区制度创新碎片化）、成果复制推广与承接转化不足、辐射带动效应不强、制度创新红利难以完全有效释放等方面的问题，这些问题在不同程度上制约了自贸试验区的高质量发展。部分省（自治区、直辖市）针对这些问题，结合省（自治区、直辖市）内部资源禀赋实际，分批次建立自贸试验区联动创新区，统筹更多空间和载体为国家"试制度"，推进自贸试验区内外协同创新发展。

2019 年 8 月，为更好发挥四川自贸试验区的引领示范作用，提升四川省综合竞争力和对外开放影响力，四川省首批设立 8 个自贸试验区协同改革先行区，成为中国自贸试验区首创性、差异化探索的亮点经验。2019 年 12 月，浙江省政府批复设立杭州、宁波、温州、嘉兴、金华、台州 6 个浙江自贸试验区联动创新区，已进入实质性建设阶段。截至 2023 年底，据不完全统计，全国已有 13 个自贸试验区相继设立约 190 个联动创新区，自贸试验区建设溢出效应持续显现。"十四五"期间，会有更多的省份推进自贸试验区联动区建设。全国自贸试验区联动区建设以点带面、聚点成面，推动了各地改革意识、行政效率、发展动能，很好地发挥了在更大范围统筹更多资源"为国家试制度、为地方谋发展"的作用。

实践证明，通过积极承接自贸试验区改革创新经验，联动创新区叠加经济功能区产业、政策和空间优势，开展首创性、集成化、差别化改革探索，不仅促进了自贸试验区建设外溢效应有效发挥，为自贸试验区高水平建设、高质量发展提供了新动能，还更好地助力自贸试验区发挥了示范引领和辐射带动作用。整体上来看，我国多个省份已经或正在推进构建"自贸试验区（片区）+联动创新区+辐射带动区"多层次联动创新、协同发展新格局。党的二十大报告指出，"稳步扩大规则、规制、管理、标准等制度型开放；加快建设海南自由贸易港，实施自由贸易试验区提升战略，扩大面向全球的高标准自由贸易区网络"。可以预见，随着建设和发展的深入推进，作为改革开放综合试验平台和推进高水平制度型开放的最佳实践载体，自贸试验区将在我国高水平制度型开放进程中发挥更加积极的引领和带动作用，带动各地区、各行业、各企业，在积极参与国内国际双循环中彰显竞争新优势。

全国各自贸试验区及其片区、联动创新区设立基本情况如表 2-1 所示。

表 2-1　全国各自贸试验区及其片区、联动创新区[①]设立基本情况

自贸试验区	片区	联动创新区及设立时间
上海	外高桥保税区片区（含外高桥保税区、外高桥保税物流园区、洋山港保税区、上海浦东机场综合保税区）、陆家嘴金融片区（含陆家嘴金融贸易区、世博园开发区）、金桥片区、张江片区、世博片区、临港新片区	—

续表

自贸试验区	片区	联动创新区及设立时间
广东	广州南沙新区片区、深圳前海蛇口片区、珠海横琴新区片区	在广州、深圳、珠海、汕头、佛山、韶关、惠州、汕尾、东莞、中山、阳江、湛江、茂名13个地市设立广东自贸试验区联动发展区（2022年6月）
天津	天津港东疆片区、天津机场片区、中心商务片区	设立滨海高新区、中新生态城联动创新区（2021年8月）
福建	平潭片区、厦门片区、福州片区	设立福州片区自贸联动创新发展区：福州新区直管区，海丝核心区金融中心、福州软件园、海丝中央法务区福州片区②，福州台商投资区（罗源片区），福兴经济开发区，福州金山工业园区，海西现代金融中心区台江片区，福建将乐经济开发区，平潭片区8个区块（2022年11月）
辽宁	大连片区、沈阳片区、营口片区	—
浙江	舟山片区（含舟山离岛片区、舟山岛北部片区、舟山岛南部片区）、宁波片区、杭州片区、金义片区	设立杭州、宁波、温州、嘉兴、金华、台州等联动创新区（2019年12月）；增设湖州、绍兴、衢州、丽水等联动创新区（2021年6月）
河南	郑州片区、开封片区、洛阳片区	—
湖北	武汉片区、襄阳片区、宜昌片区	—
重庆	两江片区、西永片区、果园港片区	设立重庆高新技术产业开发区、重庆经济技术开发区、长寿经济技术开发区、万州经济技术开发区、永川高新技术产业开发区、涪陵高新技术产业开发区、重庆公路物流基地（巴南区）、黔江正阳工业园区、垫江高新技术产业开发区、云阳工业园区联动创新区（2021年10月）；增设重庆（化龙桥）国际商务区、重庆建桥工业园、江津综保区、合川高新区、綦江高新区、大足高新区、璧山高新区、铜梁高新区、潼南高新区、荣昌高新区、开州高新区、丰都工业园区、忠县高新区、万盛经开区和川渝高竹新区（2023年4月）
四川	成都天府新区片区、成都青白江铁路港片区、川南临港片区	设立宜宾、德阳、资阳、眉山、南充、自贡、内江、温江等首批协同改革先行区（2019年8月）；增设绵阳、遂宁、广安、达州、成都经开区等协同改革先行区（2022年1月）
陕西	中心片区、西安国际港务区片区、杨凌片区	设立宝鸡高新区、铜川市新区、渭南高新区、延安高新区、安康高新区、韩城高新区和经开区等自贸试验区协同创新区（2020年6月）
海南	海南全岛	—

续表

自贸试验区	片区	联动创新区及设立时间
山东	济南片区、青岛片区、烟台片区	设立烟台片区与招远经济技术开发区联动创新区（2021年11月）；设立泰安高新技术产业开发区、德州经济技术开发区、菏泽经济开发区、淄博高新技术产业开发区、济宁高新技术开发区、东阿经济开发区、潍坊滨海经济技术开发区、阳谷经济开发区、邹平经济技术开发区、滕州经济技术开发区、日照综合保税区、临沂综合保税区、东营高新技术产业开发区、日照经济技术开发区、威海经济技术开发区、威海火炬高技术产业开发区、威海南海经济开发区联动创新区（2022年3月）
江苏	南京片区、苏州片区、连云港片区	设立苏州片区联动创新区，涵盖：张家港市、常熟市、太仓市、昆山市、吴江区、吴中区、相城区、苏州工业园区、苏州高新区9个地区的14个国家级开发区（含经开区、高新区、旅游度假区、保税区）（2020年3月）；苏州片区江苏（苏州）国际铁路物流中心联动创新区（2020年8月）；苏州片区苏锡通科技产业园区联动创新区、苏宿工业园区联动创新区（2020年10月）；43家国家级开发区（含综合保税区、保税港区）、9个国际合作园区和台港澳合作园区、5个服务国家和江苏省重大发展战略的平台载体被确定为江苏自由贸易试验区联动创新发展区（2021年6月）
广西	南宁片区、钦州港片区、崇左片区	—
河北	雄安片区、正定片区、曹妃甸片区、大兴机场片区	—
云南	昆明片区、红河片区、德宏片区	设立昆明国家高新技术产业开发区、曲靖经济技术开发区、大理经济技术开发区、普洱国家绿色经济试验示范区、中国老挝磨憨—磨丁经济合作区联动创新区（2021年2月）
黑龙江	哈尔滨片区、黑河片区、绥芬河片区	设立哈尔滨协同发展先导区、绥化协同发展先导区、佳木斯协同发展先导区（2022年6月）
北京	科技创新片区、国际商务服务片区、高端产业片区	—
湖南	长沙片区、岳阳片区、郴州片区	设立24个协调联动区：湖南湘江新区（仅限长沙信息产业园、世界计算·长沙智谷、"智能制造"海归小镇洋湖先行区）、长沙金霞经济开发区（含长沙金霞保税物流中心）、衡阳高新技术产业开发区（含衡阳综合保税区）、湖南常宁水口山经济开发区、株洲高新技术产业开发区、湘潭经济技术开发区（含湘潭综合保税区）、邵阳经济技术开发区、湖南邵东经济开发区、岳阳经济技术开发区、岳阳高新技术产业开发区、临湘高新技术产业开发区、华容高新技术产业开发区、常德经济技术开发区、常德高新技术产业开发区、益阳高新技术产业开发区、龙岭产业开发区、湖南郴州经济开发区、苏仙产业开发区、永兴稀贵金属再生资源利用产业开发区、桂阳高新技术产业开发区、怀化国际陆港经济开发区、溆浦产业开发区、湖南娄底高新技术产业开发区、湘西高新技术产业开发区（2023年7月）

续表

自贸试验区	片区	联动创新区及设立时间
安徽	合肥片区、芜湖片区、蚌埠片区	设立阜阳、安庆、亳州、马鞍山、宣城、滁州联动创新区（2021年10月）；增设淮北、宿州、淮南、六安、铜陵、池州、黄山联动创新区（2022年4月）

注：①全国各自贸试验区对联动创新区有多种称呼，如协同改革先行区、联动创新发展区、协同创新区、联动发展区、协同发展先导区、协调联动区、自贸联动创新发展区等，为便于研究起见，统一称作"联动创新区"。②海丝核心区金融中心、福州软件园、海丝中央法务区福州片区是一个区块。

资料来源：根据全国各自贸试验区网站及各联动创新区所在市网站相关资料整理，截止时间为2023年9月。

第二节 我国自贸试验区制度型开放的实践

制度型开放是新时期自贸试验区制度创新的核心内涵。自贸试验区成立以来，党中央、国务院出台了一系列政策文件，形成了建设方案和专项政策相结合的比较完善的自贸试验区政策制度框架体系。全国各自贸试验区和海南自由贸易港在加快推进政府职能转变、投资管理体制改革、贸易监管模式创新、金融改革创新、事中事后监管、法治保障等方面取得了重大进展，通过自上而下的顶层设计和自下而上的探索创新结合，形成了诸多可复制推广的制度创新成果，为深化改革开放不断丰富制度供给。截至2023年7月10日，随着《国务院关于做好自由贸易试验区第七批改革试点经验复制推广工作的通知》的印发，向全国范围或特定区域复制推广的自贸试验区制度创新成果累计已达302项，自贸试验区从多个方面引领高水平制度型开放，已经成为我国制度型开放的"试验田""测试场"。

一、以优化政务服务为核心的政策制度体系基本建立

一是商事制度改革成效显著。推进"证照分离"改革，实行"一业一证""一证准营"。积极推行"互联网+政务服务"，建设"网上政务超市"，提供"无人干预智能审批"服务，实现企业登记全程电子化，企业全生命周期服务水平不断提升。例如，上海自贸试验区推行商事登记制度改革1.0版，率先试行企

业注册资本认缴登记制、试行"先照后证"登记制、启用新版营业执照、实施企业信息公示条例、实施企业年度报告和经营异常名录制等多项制度创新，并建立一口受理、综合审批的商事登记"单一窗口"工作制度。自 2014 年 3 月 1 日起，由国务院发布的《注册资本登记制度改革方案》在全国正式实施，标志着上海自贸试验区商事登记制度改革措施在全国复制推广。2021 年 11 月，浦东新区、上海自贸试验区临港新片区启动了以市场主体诚信为基础的市场准营承诺即入制试点，并于 2022 年 3 月正式施行《上海市浦东新区市场主体登记确认制若干规定》，市场主体登记确认制实现了登记属性从行政许可到行政确认的变革，是对标国际通行的商事登记规则的制度创新。2022 年 8 月 1 日，《上海市浦东新区推进市场准营承诺即入制改革若干规定》正式实施。市场准营承诺即入制是浦东持续推进改革系统集成，提升政务服务效能，打造市场化、法治化、国际化营商环境的又一有力探索。

二是工程建设项目审批更加便捷化。探索项目审批制度改革，大力推行并联审批、集中审批、先建后验、边建边验等审批模式，最大限度降低制度性成本。例如，广东自贸试验区南沙片区的"拿地即开工"改革已经推进到了 4.0 版本，山东自贸试验区烟台片区推行"远程勘验"及"前置勘验"工作模式，河南自贸试验区洛阳片区推行"小型低风险建设项目极简审批"等相关改革创新。其中，河南自贸试验区郑州片区实施的"服务八同步""拿地即开工"项目建设模式，顺应国家优化营商环境、推进工程建设项目审批制度改革的大趋势，整合建设项目的相关审批服务，是工程建设项目领域的集成化创新。"服务八同步"指招商引资与产业准入、项目选址、规划设计、土地报批出让、征地拆迁、文物勘探、土方运输与山体公园建设、大气污染防治八项工作同步推进机制；"拿地即开工"指项目用地挂牌期间提前指导，土地摘牌之后联合会审，达到条件后即可开工。该模式实现了 73 个工作日完成审批。拿地后，企业即开始非永久性建筑建设和土方清运，手续办理实施容缺办理、分阶段审批，为相关企业大幅降低了时间成本和资金成本。该项创新成果被国务院自贸试验区工作部际联席会议简报印发，在全国借鉴推广。

三是从注重事前审批转向注重事中事后监管。从"重审批、轻监管"到"宽准入、严监管"，取消和减少审批权，降低市场准入门槛，激发各类经济主体投资、创业热情。鼓励引进社会力量进行合作监督管理，加快完善一体化监管模式，进一步加强监管协作，打造政府主导、行业自律、企业自控、社会共治的大监管格局。同时，建设并完善社会信用体系，构建以信用为核心的新型监管机制。例如，在商事登记制度改革 1.0 版的基础上，上海自贸试验区探索试验商事登记制度 2.0 版改革，主要内容是深化"先照后证"登记制度改革，试行"三证合一""一照一码"单一代码登记制度，将工商登记前置审批改为后置审批。在上海自贸试验区先行先试的基础上，2015 年 11 月 3 日，国务院印发了《关于"先照后证"改革后加强事中事后监管的意见》，全面提出了"先照后证"改革后加强事中事后监管的指导思想、基本原则和目标任务，构建了职责清晰、协同监管、社会共治的事中事后监管新模式。山东自贸试验区济南片区充分发挥自贸试验区先行先试优势，创新事中事后模块化智慧监管模式，创造性地构建智慧监管平台，解决落实"严管"要求的"最后一公里"，以新型监管机制构建社会治理新格局，切实做到放管结合并重，取得了显著成效，相关工作得到了国家市场监管总局的高度认可。2018 年 7 月，浙江以自贸试验区管委会的名义印发了《中国（浙江）自由贸易试验区事中事后监管体系建设实施意见》，明确提出探索构建市场主体自律、业界自治、社会监督、政府监管"四位一体"的事中事后监管体系，并在国际贸易、商事登记、油品加工运输、金融风险控制等重点领域提出了具体监管要求。

二、以负面清单为核心的投资管理制度体系日趋完善

一是完善负面清单，放宽外资准入限制。外商投资准入负面清单从 2013 年的 190 项减少到 2021 年的 27 项，开放领域涉及所有大类产业，制造业条目清零，服务业持续扩大开放，市场准入全面放宽，对外开放水平不断提高。例如，2013 年 9 月 29 日，上海市政府发布了《中国（上海）自由贸易试验区外商投资准入特别管理措施（负面清单）（2013 年）》，首创实施全国第一份外商投资准入负面清单。2014 年 7 月 1 日，上海市政府发布了《中国（上海）自由贸易试验区外商投资准入特别管理措施（负面清单）（2014 年修订），较 2013 年版在透明度、开放度等方面有了较大幅度提高。在上海自贸试验区外商投资准入负面清单试验基础上，2015 年 4 月，国务院办公厅印发了《自由贸易试验区外商投资准入特别管理措施（负面清单）》，适用于上海、广东、天津、福建 4 个自由贸易试验区。2018 年 10 月 9 日，上海市政府发布了《中国（上海）自由贸易试验区跨境服务贸易特别管理措施（负面清单）（2018 年）》，包括 13 个门类共 159 项特别管理措施，这是国内第一个地方版跨境服务贸易负面清单，为全国版跨境服务贸易负面清单提供了先行先试经验。2017~2020 年，连续四年修订全国和各自贸试验区负面清单，外资准入特别管理措施分别由 93 项、122 项减至 33 项、30 项，在金融、汽车等领域推出了一批重大开放举措，为外商投资提供了更加广阔的发展空间。2021 年 7 月 26 日，商务部公布了《海南自由贸易港跨境服务贸易特别管理措施（负面清单）（2021 年版）》，这是国家在跨境服务贸易领域的首张负面清单。这张负面清单对接高标准国际经贸规则，是对服务贸易管理模式的重大突破，是一项制度型开放安排，开放度不仅超过我国加入世界贸易组织时的承诺，也高于目前我国已生效的主要自贸协定相应领域的开放水平。2021 年 12 月 27 日，国家发展和改革委员会、商务部发布《自由贸易试验区外商投资准入特别管理措施（负面清单）（2021 年版）》，与 2020 年版相比，外资准入负面清单进一步缩短了长度，完善了管理制度，提高了精准度，全国和自贸试验区负面清单分别缩减至 31 条、27 条，压减比例分别为 6.1%、10%①。在增强外商投资负面清单开放度和透明度的同时，各自贸试验区也非常注重事中事后监管体制建设，不断完善外商信息披露制度，优化准入后监管措施。例如，浙江自贸试验区推出守信激励和失信约束的奖惩机制，引入信息监管和信用监管，强化外商投资实际控制人管理，对外商信息进行公示，提高监管透明度。

二是投资审批权限下放。国家围绕自贸试验区的产业定位，向地方下放特定领域的审批权。例如，国家将国际航行船舶保税加油许可权下放至舟山市人民政府，将增值电信业务外资准入审批权、国际快递业务经营许可审批权以及无船承运、外资经营国际船舶管理业务行政许可权等下放给海南省。2019 年 11 月 7 日，国务院印发的《关于进一步做好利用外资工作的意见》提出，支持地方和部门聚焦市场主体期盼，提出支持自由贸易试验区进一步扩大开放和创新发展的具体措施，推进相关深层次改革事项在自由贸易试验区先行先试，充分发挥自由贸易

---

① 资料来源：国家发展和改革委员会。

试验区改革开放试验田作用。对有条件的自由贸易试验区下放更多省级经济管理审批权限，尤其是投资审批、市场准入等权限。例如，截至 2021 年 3 月，广东省政府分三批将总计 83 项省级管理权限直接下放给自贸试验区，分两批将 202 项省级管理权限事项调整由地级以上市实施①。2021 年 1 月，湖南省人民政府印发《关于在中国（湖南）自由贸易试验区开展放权赋权极简审批的通知》，明确将 97 项省级经济社会管理权限下放至中国（湖南）自由贸易试验区实施，着力把湖南自贸试验区打造成内陆改革开放新高地的"排头兵"。各省（自治区、直辖市）政府下放企业投资（含外商投资）项目备案及其（新增、变更）至自贸试验区各片区，促进区内投资便利化水平不断提升。自贸试验区有关外商投资管理制度不断完善，最终推动外商投资法出台，实现外商投资管理方式由"逐案审批"转为信息报告制的重大变革，率先在全国实施境外投资备案制、注册资本认缴登记制等改革，这些举措有效改善了投资环境，激发了市场主体活力。

三是加大对外资企业的支持力度。从财政、金融、税收、土地要素、人才引进、招商中介奖励等方面提高外资企业投资服务力度，积极出台相关政策，鼓励外商在区内投资。例如，上海自贸试验区在构建对外投资服务促进体系方面，实施境外投资备案管理，建设境外投资服务平台；提高境外投资便利服务水平，支持企业参与国际竞争与合作。同时，多地自贸试验区建立了外贸外资企业"白名单"、服务台账等，加强生产经营服务保障。例如，天津自贸试验区探索人才跨境便利化举措，出台了首批境外职业资格认可目录。北京自贸试验区扩大了出口信用保险承保范围，为小型外贸企业保驾护航。浙江自贸试验区舟山片区多举措化解外贸企业接单风险，进一步扩大出口信用保险覆盖面，力争实现出口额 500 万美元以下企业愿保尽保，提高短期信保保费扶持比例至 60%（单家企业最高不超过 500 万元）。此外，舟山加强对本市保税燃料油加注、船舶、水产等重点产业链供应链的链式承保支持，加大订单被取消等出运前风险保障力度。重点支持制造业、"卡脖子"技术领域鼓励类重大外资项目，对在谈项目，由新区招商引资工作领导小组认定，并协调给予项目用地、污染物排放等要素支持。对落地重大外资项目，积极争取纳入省重大产业项目用地保障机制。建立市领导与跨国公

---

① 　资料来源：广东省人民政府。

司负责人联系机制，对世界 500 强、国际知名跨国公司等龙头企业的重大投资项目，搭建市领导与企业高层直接沟通交流的绿色通道，推动项目落地。

我国自贸试验区基本制定了相应的知识产权政策，建立完善外商投资权益保护机制，加大行政司法保护力度，保护外国投资者和外商投资企业的知识产权，不同地区自贸试验区根据自身发展水平呈现出不同的知识产权政策特点。例如，上海自贸试验区建设了知识产权综合管理、综合利用和综合保护平台，帮助企业实现知识产权价值，建立了纠纷多元化解决机制。河北自贸试验区为生物医药产业提供"全链条"的知识产权保护公共服务。山东自贸试验区则突出了信息服务意识，构建知识产权大数据生态，促进人才、技术、设备与需求的集聚和互联互通，降低了信息成本。广西自贸试验区搭建了中国—东盟知识产权运营平台和大数据平台。江苏自贸试验区建立了海外知识产权维权援助机制等。福建自贸试验区则在服务企业的同时，还帮助企业进行知识产权国内布局和国外布局。

三、以便利化自由化为核心的贸易监管制度体系更加高效

一是"单一窗口"功能更加丰富。"单一窗口"覆盖领域拓展至服务贸易，推动运输仓储、报关结算的电子化和无纸化，形成以贸易数据为核心的"通关—监管—决策"三位一体的生态链。自 2014 年起，上海海关在上海自贸试验区率先试验"一线放开、二线安全高效管住、区内流转自由"的监管制度；同年，上海自贸试验区首创国际贸易"单一窗口"制度。2015 年 6 月 30 日，国际贸易"单一窗口"1.0 版全面上线运行。2016 年，在国际贸易"单一窗口"2.0 版基础上，涉及贸易监管的部门全部纳入管理平台，实现口岸监管通关环节全覆盖，到 2020 年已基本覆盖国际贸易全过程，并启动国际合作应用试点。在上海自贸试验区先行先试的基础上，2017 年，海关总署推出国际贸易"单一窗口"国家标准版，在全国（港澳台除外）实施，国际贸易"单一窗口"逐步覆盖多部门多领域，建设水平远超世界贸易组织的《贸易便利化协定》要求。2021 年，海南自由贸易港国际投资"单一窗口"整合了 13 个部门 20 个政务服务系统，将外商投资企业开办时间压缩至两个工作日。中国（福建）国际贸易"单一窗口"、中国（厦门）国际贸易"单一窗口"业务已覆盖国际贸易主要商品、主要进出口环节和主要运输工具，国际贸易管理和相关业务可在"单一窗口"一站式办

理，中国（福建）国际贸易"单一窗口"入选全国自贸试验区"最佳实践案例"，被国家发展和改革委员会编入《中国营商环境报告 2020》典型案例，中国（厦门）国际贸易"单一窗口"工作被写入《厦门经济特区优化营商环境条例》。2023 年，长三角自由贸易试验区联盟将提升资源配置服务功能，推动长三角自贸试验区资源共建共享，在深化长三角国际贸易"单一窗口"合作共建机制方面，将持续深化共享长三角"通关+物流"信息，积极推进长三角区域保税燃油跨关区加注申报业务一站式办理，支持开展"单一窗口"属地企业信息回流共享。

二是综合监管新模式更加丰富。深化实施全国海关通关一体化、"双随机、一公开"监管及"互联网+海关"等举措，创新监管服务，不断优化口岸通关流程，探索货物平均放行时间的减少。先后推出"先进区、后报关""批次进出、集中申报"、进口货物预检验、"十检十放"等便利化措施和创新举措，通关时间不断缩短，通关成本逐年下降。例如，福建自贸试验区通关全流程状态可视化服务创新举措将"单一窗口"、舱单、船代、货代等多个面向企业的操作系统回执信息汇集到统一平台上，这些平台分别汇聚了口岸物流和航空物流关键节点数据，打通了数据壁垒，实现了行业协作和数据互通互享，为企业提供实用、便捷的综合查询服务。这些举措在原有创新成果的基础上，充分整合原先分散的多方系统资源，形成工作合力，形成更便利、更亲民的集成服务。重庆自贸试验区西永片区在全国海关特殊监管区域创新实施货物进出区"四化"监管新模式，有效提高货物进出区效率，降低企业物流成本。天津自贸试验区通过创新海关监管模式，推动异地委托监管、租赁资产交易等多项海关监管模式，解决了融资租赁业务发展中的突出问题，促进区内租赁产业集聚效应显现、国际化水平进一步提升、企业成本显著降低。

三是监管技术更加先进高效。把大数据、云计算等新技术引入监管系统，自动获取不同状态货物的库存与海关监管联通，实现自动识别分类、对比判别、核验通关。运用可视化信息技术实现商品信息溯源，提高监管效率。例如，福建自贸试验区厦门片区首创"单一窗口+空运物流"模式，实现了空运进口运单电子化，打破航空公司、货站、收货人、货运代理人、报关行之间的信息壁垒，达成空运进出口数据境内外双向联通。浙江自贸试验区优化转关监管模式，通过创新监管思路，优化业务流程，全面实现转关货物全流程电子化放行。同时深化跨关区协作，企业只需申报一次，相关物流信息通过物流监控数据的互联互通，在各中转地海关之间流转，不仅实现了全国率先实施"全程转关"模式，而且实现了出口转关货物自动核销、进口转关货物自动审放，显著提升转关货物通关效率，有效减少出口企业物流成本，有力助推了义甬舟开放大通道建设。陕西自贸试验区创新实施加工贸易云报核海关监管新模式，将海关折料核算检查工作全部交由海关监管系统完成，企业只需在客户端录入报税货物盘点的实际数量即可完成"云报核"，并生成账册报核报文自动发送到"单一窗口"，实现数据一次录入，解决了企业在电子账册报核时普遍存在的申报数据计算量大、折算过程方法不统一的问题，显著提升了海关作业效率和监管透明度。陕西自贸试验区针对企业对货物通关、物流运输时效的需求，在机场航空口岸率先推行国际货物 24 小时机坪"直提直装"，较传统模式平均提前 2~3 天；针对进口快件业务，实施"互联网+进口快件"监管新模式，国际快件通关效率提升 30%。

四、以开放创新为核心的金融服务制度体系基本形成

一是头部自贸试验区片区引领金融改革创新。上海自贸试验区以打造全球金融中心为目标，一方面从跨境金融基础设施（FT 账户）的角度提升金融开放便利化水平；另一方面聚焦金融服务区域经济发展能力，围绕"私募基金、各类交易所、特色金融、创新金融"等领域开展金融产品供给。例如，2014 年 5 月 22 日，中国人民银行上海总部发布《中国（上海）自由贸易试验区分账核算业务实施细则》《中国（上海）自由贸易试验区分账核算业务风险审慎管理细则》，上海自贸试验区最具含金量的"金改细则"正式落地。2015 年 4 月 22 日，中国人民银行上海总部宣布，上海市开展自贸试验区分账核算业务的金融机构可按相关要求向区内及境外主体提供本外币一体化的自由贸易账户金融服务，这标志着自由贸易账户外币服务功能的正式启动。上海自贸试验区创设的本外币一体化自由贸易账户，有效打通了企业境外融资通道。外资企业外汇资本金意愿结汇、跨境双向人民币资金池业务等举措向全国推广，企业融资更加便利、融资渠道更宽、融资成本更低。上海自贸试验区首创的自由贸易账户分账核算体系是探索投融资汇兑便利、扩大金融市场开放和防范金融风险的一项重要制度安排，为在上海自贸试验区先试先行资本项目可兑换等金融领域改革提供了工具和载体。2017

年 6 月 28 日，中国（上海）自由贸易试验区管委会和上海市金融服务办公室联合发布《中国（上海）自贸试验区金融服务业对外开放负面清单指引（2017 年版）》，这是国内首创的金融服务业对外开放负面清单管理模式试点，是对标国际高标准经贸规则推进金融服务业开放创新的重要举措。2023 年 2 月 23 日，中国人民银行等五部委联合发布《关于金融支持前海深港现代服务业合作区全面深化改革开放的意见》，支持前海联合交易中心开展大宗商品跨境现货交易人民币计价结算业务。广东自贸试验区前海片区围绕"打造国家级现货平台，建设全球大宗商品人民币定价中心"的重要使命做文章，强化与国际接轨。天津自贸试验区率先在全国推出综保区内飞机"客改货"业务，并积极推动融资租赁产业配套服务，在全国率先探索融资租赁公司和商业保理公司信用担保保全机制，持续提升融资租赁业发展水平。2022 年 4 月，前海联合交易中心正式上市大豆交易品种，组织开展进口大豆离岸现货交易；在中国人民银行及跨境清算公司的支持下，首次通过人民币跨境支付系统（Cross-border Interbank Payment System，CIPS）实现大宗商品贸易货款的跨境支付和结算，为在大宗商品等重点领域、重点主体推进人民币跨境结算，发挥了很好的示范带动作用，也为允许更多（符合条件）的机构加入 CIPS 系统，为人民币的跨境提供了一个连接，为推进人民币国际化战略贡献了一份力量。

二是特色金融改革创新不断涌现。各地自贸试验区与海南自由贸易港结合自身实际在金融创新方面进行了大胆探索。例如，在离岸人民币债券方面，海南自由贸易港继 2022 年发行了首笔地方蓝色离岸人民币债后，2023 年 3 月又成功发行了首笔海南自由贸易港离岸人民币可持续发展债券。广东省自贸试验区支持区内的外资企业在我国境内发行人民币债券，同时鼓励它们加强与香港、澳门等地区的合作。广东自贸试验区前海片区在跨境五大模式的基础上，积极拓展基于"科技+跨境金融"的产品创新平台建设及风险防控机制设计。南沙新区片区创新融资租赁、绿色金融和股权投资制度，主推实体产业发展。辽宁出台金融支持自贸试验区高质量发展的 22 条措施。浙江自贸试验区舟山片区基于油气产业链开展特色金融创新，建设标准仓单交易平台，推动期现结合和价格发现功能，非标准仓单质押融资试点落地。实施新型离岸国际贸易结算便利化举措，支持优质油品贸易企业跨境人民币便利化结算。指导银行机构及时将优质外贸外资企业纳入跨境人民币业务优质企业名单，提升外贸外资企业跨境贸易投资人民币结算便利化水平。天津自贸试验区天津港东疆片区创新府院联动合作机制，在全国率先探索租赁和保理企业自身信用担保保全机制，进一步提升司法服务环境，助力融资租赁等新金融领域深化改革、扩大开放；落地全国首单综保区内飞机"客改货"业务，为东疆综保区超过 2000 架飞机及国内中老龄飞机的交易和处置探索出全新路径；中铁金控融资租赁有限公司落地全国首笔海外工程项下离岸设备租赁业务，为我国企业海外项目建设和业务发展提供融资保障。在绿色金融发展方面，天津自贸试验区发布了全国首个省级 ESG 评价指南及成果。河北自贸试验区除了大力支持京津冀协同发展之外，还积极探索在雄安新区建立金融监管"沙盒机制"，并且推动绿色金融国际标准、股权众筹试点等在雄安新区开展先行先试。广西自贸试验区钦州港片区以服务实体经济为基础，通过推出跨境人民币同业融资、跨境人民币双向流动便利化、人民币境外项目贷款、简化境外机构人民币银行结算账户离岸划转、人民币信贷资产跨境转让五项全国领先的跨境人民币金融创新政策，为广西企业利用两个市场、两种资源，与东盟国家深度开展产业链、供应链和经贸合作提供高质量金融服务。这些制度创新案例也充分体现了自贸试验区金融改革创新持续服务实体经济的成效。

三是利用金融科技推动金融制度创新。多数自贸试验区均把完善金融科技创新的体制机制、加快发展金融科技和数字金融当成未来的金融制度创新内容之一。通过大数据推动数字普惠金融发展，形成以数字经济为标杆的新经济、数字货币和数字资产；通过 5G 技术提升金融科技应用能力，促进金融科技和传统金融深度融合；推进区块链技术在金融领域的应用，推动数字货币研发、支付清算体系改革创新。例如，上海市自贸试验区将发展金融科技和数字金融视为金融制度创新的首要内容，率先构建效率较高的科技创新保障制度，并且在支付清算、数字货币、智能投顾等方面积极推进实际场景应用，促进金融机构的服务逐步向数字金融转型。北京市支持在央行的数字货币研究所下面设立金融科技中心，在自贸试验区内建立数字金融系统与数字货币试验区，并且加快完善适合金融科技创新的体制机制，依托大数据、区块链等技术建立和完善金融科技的实际场景。重庆自贸试验区加快推动铁路运输单证金融服务试点，上线运行重庆自贸试验区陆路贸易金融服务平台，对标高标准国际经贸规则，深化数据创新与监管沙盒、金融科技与电子支付等领域探索。湖南自贸试验区积极探索科技金融业务创新，在风险可控和依法合规前提下，允许以科技金融服务为特点的银行与创业投资企业、股权投资企业进行战略合作，支持开展外部投贷联动和知识产权质押、股权质押、科技融资担保等金融服务；鼓励保险机构加快发展科技保险、专利权质押贷款保证保险、专利侵权责任险等创新型产品和服务，为创新型企业提供融资支持和风险保障。不断夯实金融机构信息科技基础，提高传统银行、保险、证券、信托等行业数字化程度，拓展金融科技相关技术应用场景，充分发挥金融科技对产业的支撑和赋能作用；汇总已有科技金融数据资源，在统一的数据标准下形成基础科技金融信息数据库，搭建面向全国的科技金融信息服务平台，实现客户筛选、评级、定价、风险控制线上化和交易实时化。

五、以法治化为核心的营商环境制度体系不断优化

一是以法律法规保障法治化营商环境建设。法治是最好的营商环境，自贸试验区（港）不断完善顶层设计，科学立法、严格执法、公正司法，以高质量法治建设助推打造一流营商环境。在法律法规制度建设方面，各地坚持运用法治思维、法治方式在自贸试验区开展各项改革创新。例如，2014年7月，《中国（上海）自由贸易试验区条例》出台，这是国内第一部自贸试验区条例。2022年2月，《中国（上海）自由贸易试验区临港新片区条例》出台，全面保障临港新片区改革发展。2022年初，湖南、安徽、北京自贸试验区条例相继出台，全国各自贸试验区（港）的法治建设工作有序推进，以法治化为核心的营商环境政策制度体系日趋完善。河南相继出台了《中国（河南）自由贸易试验区仲裁规则》、颁布了《中国（河南）自由贸易试验区条例》、印发了《关于加强知识产权审判领域改革创新若干问题的实施意见》、制定了《郑州市中级人民法院涉外商事案件审判指引》等，为自贸试验区高质量发展和营商环境建设提供了重要法律保障。国务院多次印发关于暂时调整实施有关行政法规规定的通知，推动各自贸试验区（港）试点政策落地。例如，2020年6月，国务院通知在海南自由贸易试验区暂时调整实施《中华人民共和国海关事务担保条例》《中华人民共和国进出口关税条例》等五部行政法规的有关规定，要求国务院有关部门、海南省人民政府根据上述调整，及时对本部门、本省制定的规章和规范性文件作相应调整，建立与试点要求相适应的管理制度，为自贸试验区建设营造良好的法治环境，支持各自贸试验区深化改革开放。2021 年 11 月 1 日，《海南自由贸易港优化营商环境条例》正式施行，它是《中华人民共和国海南自由贸易港法》首批配套法规之一，从法治层面为优化营商环境提供了有力保障。此外，海南还制定了全国首个公平竞争条例、全国首个反消费欺诈规定、制定社会信用条例，建立了自由贸易港基本信用制度及免税购物失信惩戒若干规定，明确免税购物严重失信主体认定标准和惩戒措施等一系列法规，从制度层面不断优化营商环境。部分自贸试验区推动营造鼓励创新、允许试错、宽容失败的氛围。苏州片区全面推动全市统一的《苏州市涉企轻微违法行为不予行政处罚清单、涉企一般违法行为从轻减轻行政处罚清单》；成都片区在全国首推行政处罚"三张清单"制度和包容审慎柔性执法，为企业营造宽松良好的发展环境。

二是以优质法律服务助推优化营商环境。各自贸试验区优化机制建设、机构设置，积极整合公共法律服务资源，为优化营商环境提供有力的法律服务保障。例如，重庆自贸试验区为构建良好法治环境，建立了"司法赋能进自贸"工作机制，建立与西部陆海新通道相适应的专业化审判机制。促进投资自由化便利化，全面落实自贸试验区外商投资准入负面清单，探索实施自贸试验区跨境服务贸易负面清单管理模式。加强知识产权保护，研究制定符合知识产权案件规律的诉讼规范，建立健全知识产权领域市场主体信用分类监管、失信惩戒等机制。山东自贸试验区青岛片区发挥"自贸会客厅"、"国际客厅"及联营律师事务所等平台优势，开展国际化交流，推动竞争政策国际化交流常态化。广西自贸试验区钦州港片区建立了涉海矛盾纠纷司法确认绿色通道，打通了涉海矛盾纠纷调解协议诉前司法确认便民通道。黑龙江自贸试验区黑河片区实现了法律服务机构"走出去"，助力法律服务国际化。江苏自贸试验区南京片区整合优质法律服务资源，打造了集研创、宣教、服务和办理于一体的法律服务综合体，助力法律服务集聚化。上海自贸试验区建设全流程金融消费者权益保护，在沪金融管理部门着力构建金融消费者权益保护机制。上海证监局牵头倡议成立上海投保联盟，进一步构建投资者服务保护机制；上海银保监局指导设立的全国首家专业性、行业性独立第三方调解组织正式更名为"上海银行业保险业纠纷调解中心"，建设逐步与国际接轨的优质金融营商环境。河南自贸试验区设立郑州片区人民法院、郑州知识产权法庭，并报请最高人民法院批复同意赋予开封中院、郑州片区法院涉外商事案件管辖权。开封、洛阳两地法院先后设立了自贸试验区法庭，专门负责涉自贸试验区案件的立案、审判工作。河南省高级人民法院专门设立了涉外商事审判咨询专家库，聘任了 37 名专家为首批专家库成员，为全省自贸试验区涉外商事审判发展提供了有力的智力支撑。针对金融产业发展中的问题，郑州片区人民法院充分发挥金融审判职能，积极探索金融审判机制创新，不断提升金融审判质效，为优化法治化营商环境和金融产业创新发展提供优质司法保障。

三是以科技赋能法治化引领一流营商环境建设。例如，烟台片区充分利用区块链的技术特性，打造了山东省首个"易智存"区块链知识产权服务平台，实现了知识产权全过程的电子数据上链。长沙片区依托政府主导的知识产权服务中心，建立了公共服务平台，构建起知识产权"前置保护"新模式。郑州市中级人民法院推动通信技术与在线庭审深度融合，打造全流程多场景"互联网+诉讼"新模式。开发智慧庭审系统，在线完成证据提交、交换、阅卷等诉讼环节，诉讼人足不出户、法官随时随地开展诉讼活动，提高诉讼便利度，降低诉讼成本；多场庭审同步进行，非必要环节法官助理协助办理，关键环节法官直接"切入"，提高诉讼效率。全流程多场景"互联网+诉讼"新模式具有全省首创性，入选河南自贸试验区第三批最佳实践案例。苏州市公证服务机构注重科技赋能，抢占数字化转型新赛道，在优化法治化营商环境上持续发力。2017 年启动建设公证大数据应用服务平台，实现数据资源跨部门共享，实现高频公证"代查代办"；2019 年在全国率先完成"苏州公证链"搭建，陆续推出区块链摇号、行政执法全过程记录、赋强公证平台、苏城存证、"关证一链通"保税货物公证辅助销毁处置、"一图一表"土地资源利用等区块链公证服务产品，涵盖复工复产、知识产权维权、行政执法、普惠金融等多个领域；2022 年在江苏省推出首个综合性公证法律服务平台"苏州公证"，并同步入驻苏州市法人服务总入口"苏商通"，帮助企业法人"一站式"全程在线办理公证。2023 年 6 月 9 日，云南省昆明市经济技术开发区举行了中国（云南）自由贸易试验区昆明片区国际法律服务综合体揭牌仪式暨区块链平台技术论坛，助力发展壮大外向型经济，营造更有保障的法治化、国际化营商环境。该国际法律服务综合体主要由线上、线下两部分组成，线上区块链平台旨在为国际经济活动尝试提供证据互认规则，为企业解决跨境贸易存在的信任难、无纸化率低、效率低、风险高、贸易纠纷取证难等问题；线下实体平台涵盖国际商事咨询服务中心、国际商事调解服务中心、国际商事仲裁服务中心、诉讼服务中心、公证服务中心、律师服务中心和知识产权服务中心7大业务板块，同时设立了法律专家智库、金融服务超市，联合开展国际法律服务综合服务。

以上关于我国自贸试验区制度型开放实践的概括性梳理，列举的案例只是自贸试验区制度创新成果非常小的一部分。从全国运行实践来看，各自贸试验区坚持以制度创新为核心，不断推出制度型开放新举措，切实引领带动全国高水平对外开放。2023年6月29日，国务院印发了《关于在有条件的自由贸易试验区和自由贸易港试点对接国际高标准推进制度型开放的若干措施》（以下简称《若干措施》），率先在上海、广东、天津、福建、北京等具备条件的自由贸易试验区和海南自由贸易港，试点对接相关国际高标准经贸规则，稳步扩大制度型开放。《若干措施》以习近平新时代中国特色社会主义思想为指导，要求各自由贸易试验区和自由贸易港要充分发挥改革开放综合试验平台作用，对接国际高标准经贸规则深化重点领域改革，聚焦货物贸易、服务贸易、商务人员临时入境、数字贸易、营商环境、风险防控六个方面，积极推动制度创新，为更高水平开放探索路径、积累经验。面对新的要求，对比发达自由贸易区，对标国际高标准经贸规则，检视自身发展，我国自贸试验区在制度型开放方面仍存在一些短板，有待进一步改进和提升，主要表现在以下几个方面：第一，自贸试验区改革创新主要围绕货物贸易和投资展开，相关制度创新仍以程序性创新和便利化创新为主，与国际高水平规则、规制、标准的衔接力度仍远远不够。第二，外汇管制尚未有实质性的开放措施，自贸试验区内金融衍生产品金融交易主协议、终止净额结算等制度仍与国际规则存在较大差异，跨境资本流动方面也还未有突破性进展。第三，自贸试验区自主改革创新权限不高，相关制度经验的复制推广仍缺乏有利的政策实施环境，存在配套措施无法衔接、协调机制不完善等问题，制度型开放亟待更高的改革权限作为保障。第四，自贸试验区与已有行政区（经济功能区）的独立性、协调性不够，自身也缺乏有效的激励机制与考核机制，在一定程度上制约了自贸试验区管委会的协调能力与统筹能力，不利于制度型开放的深入推进。

第三章

我国各地自贸试验区推进
制度型开放的最新举措

探索全方位制度型开放，是新时代自贸试验区的战略任务。"十四五"期间，全国各自贸试验区（港）都在围绕新一轮制度型开放，对标高标准国际经贸规则，采取一系列最新举措，加大改革创新力度，这些方法值得研究借鉴。例如，2022年1月17日，广东自贸试验区南沙片区对外发布《南沙自贸片区对标RCEP、CPTPP进一步深化改革扩大开放试点措施》，在南沙片区开展对接高标准国际经贸规则先行先试和压力测试，这是全国首个以RCEP、CPTPP双协定为对标标的制定的自贸试验区集成性创新举措。

第一节　传统经贸合作领域

贸易和投资领域是国际经贸协定最为重视的传统谈判议题。新一轮国际经贸规则强化了对各国权利与义务的要求，要求进一步深化关税减免、贸易投资便利化。比如，为进一步提升各国在服务贸易、投资等领域的开放水平，现今各国的投资开放承诺正由正面清单承诺方式改为负面清单承诺方式，由原来的准入后国民待遇转变为准入前国民待遇。在提升贸易便利化方面，原有的"零关税"措施得到了进一步深化，无论是RCEP还是CPTPP，都在积极推动"三零原则"，即"零关税、零壁垒、零补贴"，期望最大限度地取消绝大多数商品的关税，尽可能减少各种非关税壁垒和各种扭曲市场价格的产业补贴，实现贸易伙伴之间的对等开放。

一、商品贸易

高标准国际规则强调便利化与自由化并重，着力推进最大限度地取消绝大多数商品的关税，尽可能减少各种非关税壁垒。例如，CPTPP 要求立即实现零关税占比85%以上，消除技术性贸易壁垒，提高通关效率。与 CPTPP 相比，我国关税水平仍存在差距。我国最惠国关税税率中零关税的税目占 8.42%，与 CPTPP 有较大差距，且立即实施零关税的比重差异更大，尤其是工业品的降税压力较大。

鉴于关税属于中央事权，全国各自贸试验区（港）制度创新的重点主要集中在贸易便利化领域，把持续创新贸易监管机制，探索实施更高水平的贸易便利化措施，作为新一轮制度型开放的重要任务。

从全国各自贸试验区"十四五"规划来看，创新举措主要集中在拓展国际贸易"单一窗口"应用功能，精简贸易监管、许可和程序要求，智能化通关建设，扩大进口等贸易便利化方面。

例如，河南自贸试验区郑州片区提升国际贸易"单一窗口"服务能级，开发特色功能模块，融合"空中丝绸之路""网上丝绸之路"国际采购、国际中转、国际配送、国际转口贸易等功能。广东自贸试验区南沙片区试点采用负面清单模式，最大限度简化货物一线进出境申报；探索企业原产地自主声明新模式，创新企业自主声明与第三方专业机构采信相合，加快区域优惠原产地证明的签发与核查。陕西自贸试验区对标 CPTPP 等国际贸易新规则，争取纳税争议解决前担保放行制度、外国航空公司客货运国内段"串飞"业务等贸易便利制度在陕西自贸试验区试点。四川自贸试验区川南临港片区探索"信任通关""预检快放"等便利性通关模式。河南自贸试验区郑州片区探索实现"邮件、快件、电商"及一般贸易全业态业务一体化，实施易腐货物和快运货物"6 小时通关"便利措施。河北自贸试验区创新特殊领域少量、高频、敏感研发耗材和制品的极速极简通关和检疫模式。山东自贸试验区青岛片区探索开通高端集成电路、生物医药等重点产品进出口检验绿色通道。江苏自贸试验区南京片区探索"电子围网+云监控"新监管手段，实现海关对卡口、场站、货物、人员的"云监管"。辽宁自贸试验区沈阳片区对进出口食品、农产品实施"即报即放""即查即放"等通关模式，探索食品农产品等检验检疫和追溯标准国际互认机制。云南自贸试验区探索"一口岸多通道"监管模式，推行电子证书、无纸化、检验检疫无缝对接等改革措施。重庆自贸试验区加快培育进口贸易促进创新示范区，探索开展进口领域监管制度、商业模式、配套服务等创新。广东自贸试验区健全以智能化通关为支撑的国际贸易服务体系，推进"智慧口岸、智能边境、智享联通"建设。

自贸试验区对贸易自由化措施探索较少，一些自贸试验区探索了针对特定产品的关税免除。海南省"十四五"规划提出，紧扣"零关税、低税率、简税制"，实行部分进口商品零关税政策，实施"一负三正"四张清单，逐步扩大正面清单，缩短负面清单。辽宁自贸试验区沈阳片区积极争取授权，对处于沈阳综保区外、沈阳片区内的重点企业进口自用生产设备和"两头在外"的原辅料，免征关税和进口环节增值税，不设监管期限。黑龙江自贸试验区黑河片区争取对俄进口中草药在黑河落地加工增值超过30%，产品进入国内市场实行零关税政策。河南自贸试验区郑州片区探索在自贸试验区范围内保税使用医疗器械及耗材。

二、服务贸易

高标准国际规则强调跨境服务贸易的准入自由和非歧视待遇。CPTTP 第 10 章"跨境服务贸易"采取负面清单模式，要求缔约方市场向其他 CPTPP 缔约方服务提供者完全开放；在负面清单以外的所有跨境服务，都得符合国民待遇、最惠国待遇和市场准入，主张清除障碍服务贸易市场准入的限制措施，禁止当地存在要求。与 CPTPP 比较，我国主要服务贸易领域仍存在市场准入限制较多问题，除禁止外资准入外，还有大量合资、股比、国籍等强制要求，以及学历和执业资格不互认，资金跨境流动限制，非国民待遇等问题。例如，金融领域虽已取消准入限制，但仍存在外资金融机构经营范围受限、批复周期长、资本账户开放不足，限制资金跨境支付和流动等问题。在交通运输领域，存在控股、合资、股比要求；在教育服务领域，除合作办学、管理人员国籍准入限制外，还存在学历学位不互认，学历型远程跨境教育不予承认等问题；在医疗服务领域，除合资、股比、国籍等准入限制外，还存在执业资格不互认、非国民待遇问题；在文化服务领域，对涉及文化内容提供和载体的部门存在大量禁止准入限制。

我国服务贸易开放空间巨大，海南等地正在探索跨境服务贸易负面清单管理模式。同时，推进服务贸易自由便利也成为几乎所有各自贸试验区新一轮制度创新的重点领域。不少自贸试验区围绕试行跨境服务贸易负面清单管理模式，消除技术贸易壁垒，提高服务贸易监管水平做出了众多探索。

上海自贸试验区临港新片区探索放宽或取消跨境交付、境外消费、自然人移动等跨境服务贸易市场准入限制。山东自贸试验区青岛片区探索实施与跨境服务贸易配套的资金支付与转移制度，在告知、资格要求、技术标准、透明度、监管一致性等方面，探索自由便利的规则。江苏自贸试验区南京片区建立适应服务贸易发展的新型监管服务模式，研究建立医疗检验检测、科技服务和跨境电子商务服务等服务贸易业务的便捷通关机制，提高与服务贸易相关的货物暂时进口便利。河南自贸试验区郑州片区依托郑州数据交易中心，探索数据定价、流通方式等交易体系。海南省"十四五"规划提出，设立国际通信出入口局，逐步开展国际语音、国际数据专线和国际互联网业务；持续推动开放网站优化升级，推动政府数据开放共享的制度完善，研究数据资产数字化确权及商业化发展模式。

三、投资

投资自由便利是高标准国际规则的核心议题。CPTPP 要求在投资领域全面采取准入前国民待遇加负面清单模式，确保资金转移自由，并要求各国对他国在其领土内的投资不得附带任何额外业绩要求等。我国实施的负面清单较 CPTPP 的负面清单仍较长，尤其在服务业等领域的放宽市场准入限制仍有提升空间。目前，在物流、医疗、教育、文化、商务、电信、数字技术和数字内容服务等领域，仍存在大量的限制性措施。此外，作为国际投资规则的焦点，投资者—国家争端解决的关注领域已扩展到包括人权、环境、法治、知识产权等公共政策领域，也要求我国在法律修订和执行层面加以改革。

由于投资领域市场准入属于中央事权，长期以来，全国各自贸试验区在投资领域的制度创新主要集中在投资便利化方面，对投资自由化的探索不够。面对新一轮制度型开放要求，不少自贸试验区围绕完善准入前国民待遇加负面清单管理模式，开始加大对投资自由化的改革探索，尤其是放宽服务业外资市场准入限制。

例如，海南省"十四五"规划提出，实施海南自由贸易港放宽市场准入特别清单、外商投资准入负面清单，进一步放宽外商投资准入限制。广东自贸试验区南沙片区深化外商投资准入负面清单的配套改革，争取国家支持允许外资在南沙独资经营医疗机构，探索在医疗器械融资租赁企业等特定行业试行"无条件准入、登记式备案、免审批准营、信用制监管"的合格假定监管模式。河南自贸试验区在电信、科研和技术服务、教育、卫生等领域加大开放力度，放宽注册资本、投资方式等限制。河北自贸试验区进一步放宽互联网、数字经济、生命健康、文化娱乐等领域的投资和经营限制。江苏自贸试验区南京片区"十四五"规划提出，借鉴北京市服务业扩大开放综合试点经验，进一步放宽现代服务业和先进制造业外资市场准入限制。福建自贸试验区探索在文化娱乐、旅游、医疗健康、建筑规划、专业服务等领域，进一步放宽台资准入条件。河南自贸试验区郑州片区在电信、科研和技术服务、教育等领域加大开放力度，放宽注册资本、投资方式等限制。同时，在投资便利化上推出了众多新的制度创新举措，持续深化准入后管理制度改革，破除"准入不准营"难题。陕西自贸试验区"十四五"规划提出，进一步提高外商投资负面清单的透明度和市场准入的可预期性，在负面清单的基础上，列明各项措施主管部门和法律法规依据，在负面清单之外的领域，按照内外资一致原则，全面梳理并清理取消未纳入负面清单的陕西省当地限制措施。辽宁自贸试验区沈阳片区"十四五"规划提出，完善外商投资投诉处理机制，建立国际化、多元化的投资争议解决机制。江苏自贸试验区南京片区提出，进一步放宽外商设立投资性公司的申请条件，降低对外国投资者资产总额的要求，取消对外国投资者已设立企业的数量要求。黑龙江自贸试验区实行外国投资者主体资格认证减免新模式，允许外国及港澳台投资者免于提交认证、公证文件，允许符合条件的境外投资者自由转移其投资收益。四川自贸试验区川南临港片区完善以小时清单制、"市场主体承诺即准入""套餐式"注销等为核心的行业准入和退出机制，开展市场主体登记便利化改革，进一步简化企业开办和注销程序；持续深化以准入即准营清单制、主体业态自选套餐式办证及以"多证合一"为中心的企业准营制度，推行同址同业主体变更告知承诺制、行业综合许可证、"标准地"供应等制度创新。

第二节 新兴领域

一、数字贸易

数字贸易是当前国际合作谈判的新兴议题，也是冲突较为严重的谈判领域。当前，数字贸易缺乏单一的全球治理模式，根本原因在于主要大国关于数字贸易治理的价值理念存在重大分歧，存在三种主导价值理念的数字贸易治理模式。一是美国倡导的市场导向的治理理念强调数字空间的开放与共享，追求数字贸易的经济价值，重在促进市场效率和创新。二是中国倡导的发展导向的治理理念重视数字主权及数字贸易的分配效应，关注产业发展和国家安全。三是欧盟倡导的人权导向的治理理念强调捍卫个人权利和基本价值观，关注公众隐私安全。美国、欧盟主导着数字贸易国际规则的制定权，最大限度把其数字治理理念体现在数字贸易国际规则中，形成了美式数字贸易规则体系和欧式数字贸易规则体系。美式模板力求确保全球数字市场的开放。

CPTPP 反映了美式的高标准数字贸易规则主张，体现在数字产品和服务的非歧视待遇、禁止对电子传输（包括电子传输的内容）征收关税、电子签名和电子认证、个人信息保护、跨境数据自由流动、禁止计算设施本地化等条款。DEPA 作为全球首个专门针对数字经济的区域协定，对数字贸易做出了更为系统的要求。DEPA 共包含 16 个模块，前 11 个模块涉及实体性议题，后 5 个模块涉及实施和程序性问题，这些议题在很大程度上借鉴了 CPTPP 的相关条款。除传统议题外，DEPA 还提出了一系列创新性议题，如明确提出构建"人工智能治理框架"，建议成员方以易于获取的方式进行信息公开（如政府采购信息），加强成员方之间及中小企业之间的对话和交流。

中国是数字贸易大国，数字贸易规则构建成为我国日益重视的重要领域。RCEP 是中国首次在符合国内法律法规的前提下在自贸协定中纳入数据流动、信息存储等规定。中国正式提出加入 CPTPP、DEPA，充分体现了中国在数字经济、数字贸易领域更加开放的姿态。中国在电子签名、电子合同、无纸化改革、电子支付等贸易便利化方面已处于相对领先优势，但由于我国法律总体偏向限制国内数据向境外转移，在跨境数据自由流动、禁止计算设施本地化等方面，对标高标准国际规则差距较大。此外，我国数字资产知识产权保护滞后，在数字产品侵权盗版打击、源代码著作权保护、对数据资产的价值属性保护及个人信息保护等方面，也需要着力突破。

数字贸易是全国各地自贸试验区都十分关注的制度创新领域。一段时期以来，自贸试验区的制度试验局限在数字贸易平台和载体建设、跨境电商模式创新、跨境数据流动安全评估、数字贸易跨境服务等领域，在数据开放、跨境数据流动等自由化方面更大力度的改革创新明显不够。针对这种局面，一些自贸试验区开始在公共数据开放机制、放宽外商投资数字贸易准入限制等方面为构建高水平跨境数据流动开放体系进行了更多探索。

上海自贸试验区临港新片区探索建设国家数据跨境流动试验示范区，在不涉及国家秘密和个人隐私的前提下，探索特定领域数据非本地化存储，有序放开外商投资增值电信业务领域准入限制，完善云计算等新兴业态外资准入与监管。广东自贸试验区南沙片区开展数据跨境传输安全管理试点，拓展南沙 IPv6 根域名服务器的服务范围，满足境外 DNS 服务器对南沙 IPv6 根域名服务器的访问需求；推动跨境贸易信息化，满足境外用户访问国内跨境电商平台和支付平台及境内电商企业和员工访问国外报清关网站、境外第三方支付、物流平台和供应商网站的需求。河北自贸试验区推进公共数据利用改革试点探索跨境数据流动分类监管模式，开展数据跨境传输安全管理试点，推动标志性企业率先实现跨境数据流通试点，加快雄安新区国际互联网数据专用通道申报进度，持续探索完善数据中台搭建、本地处理和存储、源代码托管、个人隐私保护，建立数据泄露事件报告制度。陕西自贸试验区探索源代码、算法等信息技术领域知识产权定义及保护范围，研究基于公共目的的数字知识产权豁免条款，探索构建数据隐私保护标准和体系，进一步探索明确在线消费者的基本权利，加强对不公平合同格式条款的制约，明确在线产品价格，加大对消费者权益的保护力度。山东自贸试验区青岛片区积极探索构建安全便利的国际互联网数据专用通道。辽宁自贸试验区沈阳片区"十四五"规划提出，深化公共电信服务的对内对外开放和市场化竞争，探索在沈阳片区全面开放增值电信业务，允许实体注册、服务设施在沈阳片区的企业，面向共建"一带一路"国家和地区开展互联网数据中心、内容分发网络、在线数据处理与交易处理等业务；主动探索数据本地存储和数据跨境传输等国际规则新领域创新，研究完善数据产权和隐私保护机制。江苏自贸试验区南京片区"十四五"规划提出，探索高水平的跨境数据流动开放体系，探索国际互联网数据交换和转接等业务，允许符合条件的境外数字贸易企业提供高端化数据处理、数据分析、数据挖掘等数字贸易增值服务；拓展与国际标准接轨的数字版权确权、估价和交易流程服务功能，建设数字内容和产品资源库；探索公共数据开放机制，引导社会机构依法开放自有数据，推动政务数据与社会化数据平台对接；制定包括海关关税、数码环境、电子交易授权、消费者保护、本地化要求等内容的互联网交易规则。重庆自贸试验区积极争取国家支持允许外资按规定从事互联网数据中心业务和内容分发业务，争取国家支持向外资开放国内互联网虚拟专用网业务。天津自贸试验区探索国际互联网访问监管新模式，扩大特定人群、特定机构、特定区域的国际互联网访问权限；加强个人隐私数据保护，规范个人信息的采集、传输、存储、使用等行为。

二、跨境人员流动

CPTPP 对自然人流动、商务人员入境和临时停留的条件和限制进行了高标准规定，以规范缔约方商业临时访客的入境申请、信息公开及允许或拒绝入境的条件，增强一般性的政策机制及商业访客申请入境方面的透明度，并鼓励缔约方在该领域的合作，给予商务人员在出入境方面的便利。为顺应国际科技人才交流合作的趋势，我国对跨境人员流动采取了逐渐放宽的政策，特别是中韩自由贸易协定对自然人流动的承诺水平达到了与 CPTPP 相当的水平。但总体上，我国对自然人流动的开放程度还不高。

争取国家部委支持，进一步促进跨境人员流动的自由便利，是各自贸试验区新一轮制度型开放的重要领域。目前，各自贸试验区推进的制度创新举措主要体现在进一步放宽人员自由进出限制，实行更加宽松的商务人员临时出入境政策、便利的工作签证政策，进一步完善居留制度。

海南省出台了《海南自由贸易港出入境管理条例》，制定了细化商务人员临时出入境管理标准、程序等。广东自贸试验区推动在广州南沙、深圳太子湾等邮轮母港和珠海横琴口岸实施 144 小时过境免签政策、外国旅游团乘邮轮入境 15 天免签政策。广东自贸试验区南沙片区进一步为商务访问者、公司内部流动人员、合同服务提供者、安装和服务人员及随行配偶、家属提供入境和停居留便利，允许符合条件的人员办理有效期最长为 3 年的签证；争取国家支持，授权南沙片区制定外国人才认定标准，符合条件的可申请办理 R 字签证，在南沙片区设立口岸签证机构，开展口岸签证业务。

福建自贸试验区探索为涉外重大投资合作项目项下人员提供出入境绿色通道，为自贸试验区企业外籍员工签发最长期限的居留证件，为自贸试验区引进的外籍人才提供办理长期居留和永久居留便利；优化 144 小时过境免签政策，争取政策辐射区域从厦门市扩大到整个福建省行政区域。重庆自贸试验区探索允许符合条件的境外人员担任法定机构、事业单位、国有企业的法定代表人，允许区内企业邀请的外籍高层次人才申办多年多次的相应签证，允许在区内企业工作的外国人才按规定申办 5 年以内的居留许可。上海自贸试验区临港新片区进一步提升境外人才出入境、停居留便利水平，完善电子口岸签证制度，放宽境外专业人士从业限制，实行更加便利的外籍高端人才出入境、停居留和工作许可政策。广东自贸试验区争取开展技术移民试点，探索建立涵盖外籍高层次人才认定、外籍技术人才积分、外籍创业人才积分等多种渠道的技术移民体系。河北自贸试验区完善过境签证政策，探索争取大兴国际机场入境免签政策。广西自贸试验区钦州港片区推动建立跨境劳工试点，探索注册管理和流动聘用制度，适量引入国际劳动力。江苏自贸试验区南京片区对符合条件的服务业企业聘用的"高精尖缺"外国人才，经外国人才主管部门认定后按照外国高端人才（A 类）享受工作许可、人才签证、居留许可等证件办理及社会保障等便利措施和"绿色通道"服务。黑龙江自贸试验区黑河片区"十四五"规划提出，在黑河自贸片区工作的外籍及港澳台高层次人才及其配偶、未成年子女，经批准可直接申请办理在华永久居留。陕西自贸试验区探索外国人来华工作许可差异化流程，允许符合条件的企业适用告知承诺、容缺受理等制度，对符合市场需求的外籍高层次人才提供签证、停居留及永久居留便利；对海外高层次人才、科研创新领军人才及团队，给予办理外国人工作证、工作类居留许可、人才签证、长期或永久居留"绿色通道"。

第三节 "边境后"领域

在新一轮国际经贸规则制定中,各国更多地将目光放在了"边境后"措施之上,规则制定内容延伸至各国国内政策,使经贸规则涉及的范围也逐步扩大。与传统国际经贸规则谈判将重点放在边境措施上不同,"边境后"措施的目的不在于通过互惠方式提高本国在外国市场的准入水平,而在于通过协调国内政策,消除经济扭曲,实现公平竞争,属于向上竞争的性质。"边境后"措施要求将规则制定延伸到通关前后的一系列环节,包括国有企业与竞争政策、监管一致性、劳动管理、政府采购和环境产品等环节,试图更深层次、更广范围地形成新规则,做到实质性提高全球市场的相互开放程度。推动优化国内监管与国际规制协调,促进"边境"和"边境后"措施协调衔接,实现更深层次对外开放,是新一轮制度型开放的重要内容。

一、国有企业与竞争中性

国有企业与竞争中性是国际经贸谈判的富有争议的议题,同时也是超大型自贸协定的重要章节。在 2018 年以来签署的国际经贸协定中,CPTPP、USMCA、《欧盟—日本经济伙伴关系协定》(EJEPA)及 CECAI 均纳入了高水平的国有企业规则,集中反映了美国、欧盟、日本等发达经济体对国有企业问题的主张,同时也预示着国有企业规则的未来走向。CPTPP 专门设立国有企业和指定垄断章节,对市场主体的非歧视待遇、私人诉权及禁止向国有企业提供非商业援助明确予以规定。高标准国际经贸协定关于国有企业的核心纪律条款,通常倡导营造自由与公平的竞争环境,强调以竞争中立原则对国有企业进行指导,防止垄断行为,要求消除国有企业在资源配置上的扭曲状态,确保私有企业与国有企业享有同等待遇,并履行透明度义务。目前,作为维护国有企业和非国有企业公平竞争的主要国际规则,竞争中性原则并未广泛得到世界各国的一致同意,但这一项规则的提出对广大发展中国家的国企改革提出了更多的要求。

国际协定关于国有企业与竞争中性的规范，对我国国有企业改革和发展带来了较大挑战，也是我国对标先进国际规则差距较大的领域。在我国经济体制改革的进程中，国有企业改革既是改革的重点，也是改革的难点。1993年11月党的十四届三中全会通过了《中共中央关于建立社会主义市场经济体制若干问题的决定》明确提出，产权清晰、权责明确、政企分开、管理科学的现代企业制度是中国国有企业改革的方向，其实质是调整政府与国有企业间的关系，让国有企业参与市场竞争，把国有企业转变为独立的、自主的、以市场为导向的经济实体。当前我国全面深化国有企业改革工作不断推进，但改革的难度也不断加大。2021年6月29日，经国务院同意，市场监管总局、国家发展和改革委员会、财政部、商务部、司法部五部门会同有关部门修订印发了《公平竞争审查制度实施细则》，公平竞争审查针对由于所有制带来的差异化待遇进行事前审查，其指定标准直接反映了竞争中立原则。但总体上，在商品市场上非国有企业与国有企业相对平等地展开竞争，但在要素市场上国有企业仍基于其所有制身份获得了非国有企业难以获得的优势，在政府财政补贴、政府信用支持、行政垄断、市场准入、政府对国有企业的隐性补贴等方面，仍然与国际高标准投资贸易规则的要求存在冲突。当前，中国缔结的自由贸易协定中不包括任何形式的国有企业条款。在签署的RCEP中，也并未达成上述竞争中立意义上的国有企业条款。对标国际高标准协定，国有企业是中国不容回避的问题，中国需要在坚持所有制中立的基础上，进一步推进国有企业改革，推动真正具有公平性和包容性的国有企业规则的构建。

国内自贸试验区聚焦营造公平公正的市场竞争环境，在国有企业改革、构建公平竞争规则方面进行了多种探索，但相关可操作举措较少，深层次改革明显不足。

天津自贸试验区对标国际高标准经贸规则，研究出台逐步减少国有企业补贴的操作方案，推动国企采购、财务信息公开透明。广东自贸试验区南沙片区探索建立区分国有企业实施商业性活动和非商业性活动的规则体系，分类推进改革和落实市场化改革，推进公益类国有企业的细化分类；探索以竞争中立为核心打造公平的外部市场竞争环境，扩大公平竞争审查范围，重点清理妨碍民营企业发展和违反内外资一致性原则的歧视性准入、指定交易政策措施，开展与世界反垄断司法辖区及东盟、共建"一带一路"国家和地区竞争执法机构的执法交流；争取反垄断执法部分授权试点，进一步加强反垄断监管执法。上海自贸试验区临港新片区"十四五"规划提出，建立完善公平竞争审查联席会议运行机制，试点经营者集中反垄断审查制度。河北自贸试验区坚持竞争中性原则，保障各种所有制、各类市场主体依法平等准入、依法平等使用资源要素、公平参与市场竞争。辽宁自贸试验区沈阳片区探索将服务贸易和国际投资纳入国企非商业援助的范围。江苏自贸试验区南京片区探索建立公平竞争审查与经营者反垄断审查机制，对片区垄断协议行为实施分类监管，确定垄断协议豁免的具体条件。《关于推进中国（河南）自由贸易试验区深化改革创新打造新时代制度型开放高地的意见》提出，要强化竞争政策基础地位，健全公平竞争制度，确保各类市场主体在市场准入、要素获取、项目招投标等方面享有公平竞争的市场环境，但这方面制度创新的具体举措较少。郑州片区建立公平竞争审查、第三方机构动态评估和反垄断反不正当竞争投诉举报处置机制。陕西自贸试验区完善公平竞争审查制度，持续清理与企业性质挂钩的行业准入、资质标准、产业补贴等规定和做法，维护公平竞争市场秩序，保障内外资企业公平参与市场竞争。重庆自贸试验区探索对国际经贸规则中国有企业条款的先行先试，建立健全公平竞争政策实施机制，规范政府补贴政策，强化信息披露，推动构建公平竞争审查制度和争议解决机制，探索建立公平竞争市场环境指标体系，建立违反公平竞争问题反映和举报绿色通道，加强反垄断和反不正当竞争执法。

二、政府采购

当前，高标准国际协定均对标 WTO 的政府采购协定（GPA），将政府采购规则作为独立章节列出，规定了详细的政府采购原则、采购过程、实体范围、门槛金额、信息发布和透明度规定、监管和质疑程序等内容，强调政府采购的公开、公平和透明度，一般规定了国民待遇及非歧视原则。CPTPP 对政府采购范围、国民待遇与非歧视、采购方式与时限、补偿条款、供应商参与条件做出了高标准规定，如提出了"股权非歧视待遇""来源非歧视待遇"的要求，以及缔约国从公布招投标通知到接受投标应不少于 40 天的规定。

中国加入全球政府采购协定是未来的必然趋势。中国政府始终致力于建立公平竞争、公开透明的政府采购体系，采购制度不断完善，出台了《中华人民共和国招标投标法》《中华人民共和国政府采购法》等相关制度，但公共采购制度不统一、不衔接，政府采购行为不规范，质疑、申诉和救济机制不健全问题仍然存在，在政府采购市场开放、透明度、监管程序等不少关键领域与高水平国际规则仍有不少差距。中国应对标政府采购领域的国际标准和良好实践，持续完善政府采购制度和规范。2022 年 7 月，财政部发布了《中华人民共和国政府采购法（修订草案征求意见稿）》，对政府采购参加人、政府采购政策、政府采购需求管理、政府采购方式与程序、政府采购合同管理、争议处理、监督检查、法律责任作了规定，尤其是强调不得以地域、所有制等不合理的条件对供应商实行差别待遇或者歧视待遇；强化对中小企业支持，加强电子化政府采购，推动政府采购制度与国际通行规则接轨。

全国不少自贸试验区着力提升政府采购过程的公平性和透明度，强化政府采购监管体系改革，推进国内政府采购法律国际化。

上海自贸试验区临港新片区"十四五"规划提出，健全政府采购和招标制度规范，实施招标投标全流程电子化。辽宁自贸试验区沈阳片区提出，分行业、分领域开放政府采购市场，探索对标国际标准设立独立的政府采购仲裁机构；制定政府采购负面清单，逐步完善网站建设及信息公开机制；探索建立政府采购供应商统一认证制度，加快制定支持中小企业参与政府采购的具体实施方案。天津自贸试验区坚持"规制中立"原则，除部分特殊产品和服务外，政府在采购产品或服务时，对各类市场主体一视同仁；合理设置资质要求，引导更多民营企业和外资企业依托自身技术和产品优势参与竞争。

三、知识产权

贸易协定中的知识产权规则日益呈现出引领全球知识产权治理的趋势。WTO 的《与贸易有关的知识产权协定》（TRIPS）是最早涉及知识产权议题的多边贸易规则。TRIPS 的内容涉及知识产权的各个领域，把《关税及贸易总协定》（GATT）有关有形产品贸易的某些基本原则和具体规定引入了知识产权领域，强化了执行措施，详细规定了包括行政、民事、刑事程序在内的知识产权法律保护的实施程序，同时还建立了知识产权争端解决机制。新一代的国际经贸规则更加重视对知识产权的保护，扩大了保护客体的范围，重点加强了表演作品、录音制品、药品和生物制剂的版权，同时强化了相关产权保护执法措施。

美国主导的 TPP，对知识产权采用了严苛的标准。CPTPP 没有采纳 TPP 严苛的知识产权标准，但代表着目前已实施的涉及知识产权领域内容最为丰富、保护水平最高的国际规则，比如，对作品、表演或录音制品延长了保护期，重视网络环境下的版权保护，对商标注册范围进行扩大，延长商标保护期，扩大了专利的客体范围，把药品作为新增知识产权保护内容，知识产权执法更为严苛等。

国际社会对知识产权治理日益重视，但发达国家与发展中国家的需求并不一致，发达国家通过强化保护制度、提高技术标准、加强惩罚措施等方式阻挠先进技术的扩散，发展中国家致力于推动制定公共健康、环境保护、生物多样性、传统文化等涉及发展领域的知识产权规则。

完善知识产权保护制度是提高中国经济和科技竞争力的重要保障。中国在知识产权保护方面取得了长足进步，先后颁布了《中华人民共和国商标法》《中华人民共和国专利法》和《中华人民共和国著作权法》，加入了世界知识产权组织，签署了《保护工业产权巴黎公约》《商标国际注册马德里协定》《专利合作条约》等保护知识产权的主要国际公约，正在积极兑现 RCEP 中做出的知识产权全面保护承诺，但与 CPTPP 等高标准国际规则的要求相比，在保护范围、保护标准、立法与执法规则等方面仍存在不小差距。例如，在保护范围、期限方面，我国尚未将气味商标纳入保护范围，知识产权保护边境措施仅针对进出口货物，未包括过境货物，著作权保护期仍为 50 年，专利申请的宽限期时间较短、涵盖面较窄等。此外，侵权犯罪成本低、刑事制裁轻、维权成本高也是亟待解决的问题。

自贸试验区十分重视在知识产权领域的制度创新，着力建设以市场为导向的知识产权创造、应用、保护的服务体系，创新举措主要围绕完善知识产权保护机制、侵权赔偿、服务平台建设等方面。

河北自贸试验区强化知识产权全链条保护，对标国际探索健全大数据、人工智能、基因技术等新领域、新业态知识产权保护制度，对于故意侵害知识产权且具有反复侵权、持续时间长、规模较大等严重情节的，依法适用惩罚性赔偿制度。广东自贸试验区探索在知识产权领域建立国际商事争议案件集中审判机制，健全知识产权快速协同保护机制，构建知识产权侵权惩罚性赔偿机制。广东自贸试验区南沙片区创新贸易知识产权保护方式，完善知识产权执法部门协作、信息互通、信息共享渠道，打造知识产权侵权预警机制。陕西自贸试验区加强丝路沿线国家知识产权合作，开创"一站式"知识产权管理保护新模式和适应"一带一路"知识产权司法救济的示范模式。重庆自贸试验区发挥保全的制度效能，推进知识产权案件繁简分流，提高知识产权司法救济的及时性和便利性。辽宁自贸试验区沈阳片区完善知识产权边境保护制度，探索过境货物海关依职权实施知识产权边境保护的具体措施及流程，允许采用债券的方式提供边境知识产权保护的担保。天津自贸试验区深化知识产权审判领域改革创新，健全知识产权诉讼制度，落实知识产权惩罚性赔偿制度。江苏自贸试验区南京片区"十四五"规划提出，探索商业秘密等知识产权保护机制，依法积极适用惩罚性赔偿制度；在数字产业保护、医药数据保护期、新型商标等热点知识产权保护领域制定更高的保护标准；开展新型知识产权法律保护试点，探索人工智能、互联网信息、生命信息等新类型数字化知识产权财产权益法律保护新模式。

四、中小企业发展

高标准国际规则极为重视中小企业发展问题，当前的主要贸易协定都把促进中小企业发展作为必备条款。CPTPP、DEPA、RCEP 均对促进中小企业发展提出明确规则并单独设立章节。CPTPP 强调建立可公开访问的网站，实现对中小企业的信息共享；设立专门服务中小企业的机构，促进中小企业在商业机会获得、信息资源获取、出口经验培训等方面的能力建设。DEPA 关注增强中小企业在数字经济中的贸易和投资机会的合作、建立与中小企业的沟通机制。RCEP 强调通过知识、经验和最佳实践共享，以及改善中小企业市场准入与全球价值链参与等发展合作，促进中小企业发展。从主要国家实践来看，在机构建设、政府采购、技术创新、融资信用担保等方面，均建立了较为系统的中小企业发展支持体系。德国在资金倾斜、购买服务、开放研发试验平台、专业人才培养等方面提出一系列支持中小企业发展的举措。日本专门设置中小企业转型办公室，负责实施中小企业数字化转型规划、配套政策。美国成立中小企业管理局，推动成立大量经理服务公司和中小企业发展中心，为中小企业提供创业准备等方面的咨询。

中小企业是我国国民经济和社会发展的重要力量，为促进中小企业发展，中国政府颁布了《中华人民共和国中小企业促进法》等相关法律，实施了中小企业成长工程等系列政策举措。聚焦中小企业面临的困难和问题，2019 年 3 月国家专门出台了《关于促进中小企业健康发展的指导意见》，在营造良好发展环境，破解融资难、融资贵问题，完善财税支持政策，提升创新发展能力，改进服务保障工作，强化组织领导和统筹协调 6 个方面，提出了 23 条针对性强的新举措。

自贸试验区在促进中小企业发展方面进行了积极探索。陕西自贸试验区强化中小企业研发创新能力，大力支持创新型、科技型中小微企业附着各产业园区进行依附式科研服务，承接企业项目化技术更新与产品迭代业务；搭建创新合作交流平台，引导外部智库、海内外专家、业界精英与成长型中小企业、创新创业带头人建立常态化互动联系；全面落实政府采购促进中小企业创新发展的相关措施，扩大对自贸试验区内中小企业创新产品的采购范围。山东自贸试验区青岛片区"十四五"规划提出，建设包括政府公共服务、市场专业服务和行业协会自律服务的中小商贸企业综合服务体系，开展中小外贸企业成长行动计划，推进中小企业"抱团出海"行动，增强中小企业贸易竞争力。

五、环境保护

作为可持续发展的重要内容，环境保护是全球贸易协定的重要议题。1947 年《关税及贸易总协定》（GATT）第 20 条一般例外条款首次提及"保护人类、动植物生命或健康所必需的措施"，使环境保护逐渐成为多边贸易体制的重要价值目标。1994 年生效的《北美自由贸易协定》（NAFTA）率先以环境附属协议的形式纳入众多环境条款。21 世纪以来，全球贸易协定中环境规则的深度和广度不断扩展，环境规则强化成为不可逆转的趋势。2022 年 6 月，世贸组织第 12 届部长级会议达成《渔业补贴协定》，这是首份旨在实现环境可持续发展目标的世贸组织协定。高标准国际经贸协定通常安排专门章节对环境保护进行规定。CPT-PP 设置了环境专章来促进相互支持的贸易和环境政策，提出对环境保护的高标准要求，主要体现在卫生与植物卫生措施、技术性贸易壁垒等方面，包含了 137 个类别的环境条款，涵盖公众参与、执行措施、合作能力建设等方面的要求，不仅环境规则的目标和义务标准较高，还强调了公众参与、企业社会责任、提高环境绩效的自愿性机制等议题,并采用"联合技术磋商+争端解决机制"的纠纷解决方式,以增强环境规则的约束力,体现了高标准和系统性。

高标准国际环境规则对我国环境法律建设、工业生产方式、绿色贸易投资、产业转型升级都带来了压力。长时期以来,中国致力于绿色和可持续发展,"十四五"规划将推动绿色高质量发展作为重大任务。新中国成立 70 多年来,中国已批准加入 30 多项与生态环境有关的多边公约或议定书,除亚太贸易协定等少数协定外,绝大多数签署的自贸协定均包含环境条款,环境条款的数目和强度显著增加。中国签署的贸易协定已经涉及环境目标、一般承诺、多边环境协定、环境合作、制度安排及磋商机制等相关条款。但总体来看,中国在具体环境领域规范、环境争端解决机制、强化外部压力影响国内执法的有关条款等方面与 CPTPP 等高标准国际贸易环境规则尚有较大差距。

2021 年 5 月,生态环境部等国家部委联合发布了《关于加强自由贸易试验区生态环境保护推动高质量发展的指导意见》,要求自贸试验区在推动绿色低碳发展、生态环境治理、国际合作等方面形成一批可复制可推广的管理和制度创新成果,要对标国际环境与贸易规则及实践,支持有条件的自贸试验区主动对标和参考国际高标准自贸协定中的环境条款。

全国部分地方自贸试验区在促进环境商品和服务投资、研发、生产和贸易方面进行了先行先试。例如,广东自贸试验区南沙片区通过建立产品全生命周期碳足迹溯源体系、打造碳排放数字治理模式示范试点、加大对碳减排项目的支持力度、引导社会资本参与气候投融资试点等举措,探索打造绿色自贸区。辽宁自贸试验区沈阳片区高标准实施生态环境损害赔偿制度。河北自贸试验区大力发展绿色贸易、绿色金融,积极扩大先进生态环境治理与低碳技术进口,以及研发设计、环境服务等生产性服务进口;积极参与对标国际的绿色金融标准体系制定,完善绿色金融发展机制。山东自贸试验区青岛片区建立和实施绿色生态可持续发展指标管理体系,统领区域城市规划、经济发展和绿色生态建设,将生态发展与高质量发展有机统一,贯穿投资洽谈、土地供应、工程建设、运营管理等各个环节,探索生态资源、污染物排放交易机制。江苏自贸试验区南京片区"十四五"规划要求,在征收环境保护税、规范第三方污染治理、完善环境损害鉴定评估技术体系等领域进行率先探索。重庆自贸试验区全面推行"生态+""+生态"发展新模式，构建以产业生态化和生态产业化为主体的开放型经济产业体系；强化开放型经济产业发展环境监管，防范和降低对生态环境的不利影响。天津自贸试验区加强绿色信息体系建设，提供绿色评级服务，推动制定碳足迹认证标准。

六、劳工权益

劳工标准与国际贸易挂钩问题，发达国家与发展中国家分歧较大。发达国家坚持将劳工标准问题国际化，发展中国家拒绝把劳工标准纳入国际贸易制度。但无论如何，在全球经济政策领域，强调在发展贸易和投资的同时关注劳工等社会议题的趋势日渐凸显，劳工标准已经成为国际贸易协定中的重要组成部分。WTO《关税及贸易总协定》《服务贸易总协定》已经以条款或约定的形式适度纳入劳工条款。新一代国际经贸协定通常对经济性劳工标准进行了规范，对劳工的最低工资、工作时长、职业安全及健康均做出了详细规定。CPTPP 强化了国际劳工公约的一般性约束力，第 19 章对劳工标准做出了专章规定，主要涵盖不得减损所要求的劳工权利、劳动法的执行、强迫或强制劳动、企业社会责任、公众意识和程序保障、劳动理事会、联络点、劳动磋商、惩罚机制等内容，要求缔约国纳入有执行力的劳工标准，对劳工权益保护基本原则和权利的法律和政策做出承诺。

中国致力于不断完善国内劳动立法和执法，提高劳动者的权利、义务和保护水平。2022 年 4 月，中国决定批准国际劳工组织的 1930 年《强迫劳动公约》（第 29 号公约）、1957 年《废止强迫劳动公约》（第 105 号公约），推进了与国际劳工标准的对标进程。中国签订的双边自由贸易协定，虽大多未包含专门的劳工条款，但通常以劳动合作谅解备忘录的形式，加强双方在劳动问题上的交流与合作。这些发展为中国对标国际劳工规则奠定了基础。与此同时，我国在对标CPTPP 高标准劳工规则方面，也面临一些差距，尤其在结社自由、集体谈判等方面与国际劳工标准之间存在差异。例如，《中华人民共和国工会法》规定，组建工会必须报上一级工会审查批准，与劳工公约规定的"自由建立和参加自己选择的组织""无须事先批准"结社自由之间存在差异。此外，关于废除劳动教养和强迫劳动、禁止用工歧视等方面，还存在立法不完善的问题；在职业安全与卫生条件等方面，存在监管机制不健全、执法不力的问题。我国要对标 CPTPP 规则，对我国相关法律制度进行改革。

我国自贸试验区关于劳工权益方面的制度创新不多，个别地方自贸试验区对劳动争议、特殊工时管理制度进行了探索。海南省"十四五"规划提出，全面实行劳动合同制度，创新劳动关系协调机制，健全劳动关系矛盾调处机制；推动企业厂务公开、民主协商，推进签订集体合同；完善劳动人事争议处理制度，提升劳动人事争议调解仲裁效能。辽宁自贸试验区沈阳片区"十四五"规划提出，争取国家允许修订促进和谐劳动关系的相关地方法规，探索适应新技术新业态发展需要的，包括快递员、网约车司机等工种在内的特殊工时管理制度。河南自贸试验区郑州片区推出了劳动能力网络远程鉴定新模式。

第四节　行业规则标准

国际标准是全球经济治理体系和经贸合作发展的重要技术基础，参与、引领国际行业规则标准的制定是中国作为崛起大国推动全球经济治理的必然途径，也是中国经济发展的内生需要。当今世界，各国为抢占经济发展主导权，行业规则标准竞争日趋激烈。中国需要在不断完善行业标准并与国际接轨的同时，加快中国标准"走出去"的步伐，尤其是改变在关键领域、新兴经济领域落后于发达国家的现状，加快对接国际先进标准，制定相关规则标准，推进国内标准国际化。2022年11月，国际标准化组织（ISO）正式将中国牵头制定的《数字贸易——基本概念与关键倡议》注册为国际标准研制预工作项目，标志着中国在数字贸易等新兴领域的标准制定走在世界前列。

我国自贸试验区对数字经济、物流运输等领域的规则标准进行了探索，一些标准已成为国际通用标准，但总体而言推进力度不大。例如，重庆自贸试验区对标CPTPP中贸易技术壁垒协议（TBT）、动植物卫生检疫措施协议（SPS）规则，探索推动技术标准升级，探索制定地方低碳技术规范和标准，培育、发展和推动优势特色标准成为国际标准。上海自贸试验区金桥片区支持园区内龙头企业、产业联盟共同参与制定智能制造、数字技术等相关领域的技术标准。陕西自贸试验区探索制定数据交易标准规范，探索建立大数据交易主体、交易平台、交易模式等规则制度，研究建立促进公共数据开放和数据资源有效流动的制度规范，在农业标准化、农业安全、中欧班列陆上贸易规制、航权航运等领域开展规则探索。广东自贸试验区南沙片区推进与"一带一路"国家联合制定相互认可的农产品技术标准，加强现代农业国际交流合作和规则对接。河南自贸试验区郑州片区积极探索构建多式联运的运行规则和服务规则，推出空陆联运装载装备标准化、公铁联运枢纽场站业务作业标准、国际公铁联运中集装箱联运衔接规范、综合货运枢纽服务规范、公铁联运信息系统数据交换接口标准等。开封片区以陶瓷类—微观痕迹物证为核心的"文物全息"鉴证企业标准体系，为全国首创。重庆自贸试验区深入推进陆上贸易规则探索，制定多式联运单证签发、流转等相关操作规范和行业标准，加强多式联运、保险、理赔等领域研究，推动相关商贸、运输等国际贸易运输规则的修订。自贸试验区（港）对标国际高标准规则、推进制度型开放先行先试的主要举措如表3-1所示。

表3-1　自贸试验区（港）对标国际高标准规则、推进制度型开放先行先试的主要举措

制度型开放领域	典型措施
货物贸易	• 浙江自贸试验区推进贸易投资便利化，深化实施跨境贸易投资高水平开放试点，深化国际贸易综合改革试点，推动跨境电商、市场采购贸易等外贸新业态新模式发展，提升内外贸一体化发展水平 • 上海自贸试验区深化生物医药研发用物品通关便利化试点，促进内外贸融合发展 • 天津自贸试验区创新二手车出口模式，建设北方二手车出口基地和汽车国际集散中心 • 四川自贸试验区川南临港片区探索"信任通关""预检快放"等便利性通关模式 • 广东自贸试验区南沙片区试点采用负面清单管理模式，最大限度简化货物一线进出境申报；探索企业原产地自主声明新模式，创新企业自主声明与第三方专业机构采信相结合，加快区域优惠原产地证明的签发与核查 • 广东自贸试验区南沙片区打造全球溯源中心，研究制定溯源标准体系、法律保护体系、数据规则体系，拓展"溯源+行业"应用领域 • 陕西自贸试验区争取纳税争议解决前担保放行制度、外国航空公司客货运国内段"串飞"业务等贸易便利制度在陕西自贸试验区试点 • 河北自贸试验区创新特殊领域少量、高频、敏感研发耗材和制品的极速极简通关和检疫模式 • 山东自贸试验区青岛片区探索开通高端集成电路、生物医药等重点产品进出口检验绿色通道 • 江苏自贸试验区南京片区探索"电子围网+云监控"新监管手段，实现海关对卡口、场站、货物、人员的"云监管" • 辽宁自贸试验区沈阳片区对进出口食品、农产品实施"即报即放""即查即放"等通关模式，探索食品农产品等检验检疫和追溯标准国际互认机制

续表

制度型开放领域	典型措施
货物贸易	•云南自贸试验区探索"一口岸多通道"监管模式，推行电子证书、无纸化、检验检疫无缝对接等改革举措 •重庆自贸试验区加快培育进口贸易促进创新示范区，探索开展进口领域监管制度、商业模式、配套服务等创新 •广东自贸试验区健全以智能化通关为支撑的国际贸易服务体系，推进智慧口岸、智能边境、智享联通建设 •海南省"十四五"规划提出，紧扣"零关税、低税率、简税制"，实行部分进口商品零关税政策，实施"一负三正"四张清单，逐步扩大正面清单，缩短负面清单 •辽宁自贸试验区沈阳片区积极争取授权，对沈阳综合保税区外、沈阳片区内的重点企业进口自用生产设备和"两头在外"的原辅料，免征关税和进口环节增值税，不设监管期限 •黑龙江自贸试验区黑河片区争取对俄进口中草药在黑河落地加工增值超过30%，产品进入国内市场实行零关税政策 •南宁海关设立进出口鲜活易腐农食产品属地查检绿色通道 •苏州园区率先尝试企业自查认可模式，依企业申请，并经海关同意，被核查企业按照要求对特定核查事项自主开展验核查证，自行确认相关经营行为真实性、合法性并形成自查结果反馈海关，海关对被核查企业的自查结果予以认可 •青岛片区全国首创生物样本进口"清单式"监管模式，实现"一次办理，全年许可"，样本检疫审批周期由20天缩短至2天 •山东自贸试验区烟台片区以高级认证企业（AEO）为试点，率先推出汽车加工贸易通关"绿色通道"新机制 •四川自贸试验区成都区域探索"一单制"系统集成改革，开发铁海联运单、空铁联运单，统一中欧班列（成都）运单，拓展多式联运运单联运服务约定凭证、联运领货凭证、国际信用证跟单凭证三大功能，赋予多式联运单权化属性，运用区块链等技术开展全程控货物流服务、便捷结算和融资服务，实现多式联运一箱装货、一批托运、一次收费、一单到底、一票融资 •浙江义乌片区推出自贸试验区"5+2"改革作战图，争取市场采购与一般贸易拼箱转关政策 •安徽芜湖片区企业涉及查验进出货物可以只在芜湖港进行查验；企业同时命中口岸事中和目的地查验的进口货物，可以申请在芜湖港一次性实施进出口货物查验，有效提升物流运转效率，降低外贸企业物流成本 •芜湖片区企业在芜湖港进口可实现无纸化进口放货。货主、船公司和码头间资源可以通过平台共享、信息互通，为客户提供数字化、无接触进口提货方案 •宁波"甬e通"国际贸易一站式服务平台上线，这将进一步提升宁波贸易便利化水平，助力浙江自贸试验区宁波片区打造国际供应链创新中心 •浙江自贸试验区舟山数字口岸综合服务和监管平台正式上线运行，是全国第一个有效融合保税油加注、物料供应、船情核查、业务协同、供应船舶管理、统计分析等36项服务项目的口岸一体化服务系统，进一步提升了综合海事服务水平，在全国范围内具有示范性和引领性 •浙江自贸试验区萧山区块推进入境特殊物品安全联合监管机制试点，实行多部门联合管理，从原先各自监管转向全链条联合监管 •浙江宁波片区创新大宗商品"两步申报+区块链"报关模式，进一步助力浙江自贸试验区宁波片区进口贸易发展，以数字化改革推动贸易转型升级，进一步提高海关监管效率

制度型开放领域	典型措施
货物贸易	• 湖南岳阳片区深入推动平行进口汽车试点工作,依托有资质的检验检测机构,联合海关、市场监管部门积极采信第三方检测检验机构检验结果,打造平行进口汽车快速通关模式 • 湖南自贸试验区长沙片区率先实行鲜活海产品混合规格进口监管创新模式,在从源头上大幅降低病毒传播风险的同时,有效降低了企业成本,增加了社会就业 • 合肥片区推出集成电路企业进口特殊设备和原材料享受到目的地拆封查验政策,集成电路企业进口高端精密仪器、光刻胶等特定设备和原材料,可享受"口岸外形查验、属地拆封查验"的检查作业模式,降低设备损伤和原材料损耗,节省成本 • 北京自贸试验区高端产业片区搭建新型国际贸易服务平台,以境外物流等多维度的可信数据整合应用为核心,结合跨部门监管信息共享,助力金融机构提升对企业离岸贸易真实性管理及审核效率,为离岸贸易健康有序发展提供合规支撑,进一步提升贸易便利化水平 • 湖北自贸试验区襄阳片区积极探索"互联网+外贸"的金融服务模式,通过整合商流、物流、资金流与信息流来完善跨境金融生态系统,打造线上化、全流程、一站式跨境金融综合服务平台——"跨境e+"平台,为客户提供更加优质的跨境金融服务,有力地促进了外贸便利化水平的提升 • 陆家嘴管理局与保税区管理局联合举办了新型离岸国际贸易政策解读暨"离岸通"平台推介会。"离岸通"平台,是全国首个直接整合境外数据用以支持贸易真实性审核的辅助信息平台,通过对境外海关报关数据、国际海运业务的船公司和港口装卸信息等数据的整合与应用,"离岸通"平台致力于打破结算、物流、报关等信息交互共享中的壁垒,助力离岸贸易真实性判断,实现贸易全过程的数据化和可视化 • 深圳海关按照"系统集成、协同高效"的原则,在前海湾保税港区综合运用"先入区、后报关""跨境快速通关""货物按状态分类监管""非侵入式查验"等通关便利措施,打造"MCC前海"新物流模式,实现各类货物在区内自由集拼、有序分拨中转 • 厦门海关全国首创加工贸易监管新模式,聚焦加工贸易企业集团资源共享不便、运营效率不高、周转资金压力大等困难,全国首创企业集团加工贸易监管模式,有效破解制约企业集团化发展的痛点 • 平潭海关推出的转关单自动核销监管模式,在最短时间内完成了卡口设备兼容性测试,解决了自动核销系统参数设置、数据"卡壳"等堵点问题,实现了转关单24小时实时核销 • 泉州海关启用"安全智能锁"促通关加速,使用出口转关"安全智能锁"之后,从泉州晋江陆地港、综合保税区出发的海关监管车在厦门海沧、东渡、机场闸口实现集装箱"安全智能锁"自动核对与解锁、转关单自动核销,无需等待现场人工核对,直接卸货装船(机),实现陆海陆空联运无缝衔接,可为出口转关企业节约半天提前到港等待时间,每个货柜约节省费用350元 • 海南国际贸易"单一窗口"空港口岸物流服务系统上线,通过空港口岸作业电子化、智慧关务等功能模块推进航空物流电子化作业,提高了企业通关效率 • 中国(上海)自由贸易试验区"离岸通"平台在外高桥保税区正式上线。包含"一门户、五系统",通过引入境外的海关报关数据、国际海运数据和港口装卸数据,辅助银行对企业的离岸贸易行为进行真实性判断 • 中国(福建)自由贸易试验区厦门片区管理委员会分别与中国物品编码中心、厦门市标准化研究院签署战略合作协议,推动高标准整合建设进口商品统一溯源平台。三方将充分发挥商品条码的商品流通"身份证"和国际贸易"通行证"作用并与溯源码融合,共同加强商品信息或追溯信息的资源共享,延伸进口商品的海外溯源

续表

制度型开放领域	典型措施
货物贸易	• 辽宁自贸试验区大连片区深化大宗商品贸易制度创新，推进北良港区大豆离岸现货交收库建设，推动原油、液化天然气、粮食、铁矿石等进出口、出入库监管创新 • 浙江自贸试验区打造大宗商品储运贸易基地，持续做大油气、铁矿石、粮油等大宗商品贸易规模 • 重庆自贸试验区探索开行外贸出口定制化专列，探索构建以铁路运输单证、多式联运"一单制"为基础的陆上国际贸易规则体系，促进内外贸融合发展 • 山东自贸试验区依托现有交易场所开展辐射东北亚的大宗商品交易，探索完善新型易货贸易管理，出台支持新型离岸国际贸易发展办法 • 昆明片区建设面向南亚、东南亚的国际贸易企业服务中心，加快建设国际贸易综合服务、贸易大数据等功能平台，促进贸易中介服务机构集聚发展 • 德宏片区创新构建动植物种质资源引进中转隔离制度体系 • 湖南自贸试验区推动贸易创新发展，探索工程机械二手设备出口贸易监管新模式 • 安徽自贸试验区探索完善新型易货贸易管理，探索市场采购贸易通关一体化省内组货模式
服务贸易	• 浙江自贸试验区深化国际贸易综合改革试点，推动跨境电商、市场采购贸易等外贸新业态新模式发展，提升内外贸一体化发展水平 • 湖北自贸试验区加快文化出口、知识产权服务出口基地建设 • 上海自贸试验区临港新片区探索放宽或取消跨境交付、境外消费、自然人移动等跨境服务贸易市场准入限制 • 山东自贸试验区青岛片区探索实施与跨境服务贸易配套的资金支付与转移制度，在告知、资格要求、技术标准、透明度、监管一致性等方面，探索自由便利的规则 • 江苏自贸试验区南京片区建立适应服务贸易发展的新型监管服务模式，研究建立医疗检验检测、科技服务和跨境电子商务服务等服务贸易业务的便捷通关机制，提高与服务贸易相关的货物暂时进口便利 • 海南省"十四五"规划提出，设立海南国际通信出入口局，逐步开展国际语音、国际数据专线和国际互联网业务；持续推动开放网站优化升级，推动政府数据开放共享的制度完善，研究数据资产数字化确权及商业化发展模式 • 苏州片区推出"约惠跨境购·保税通舞台"跨境购物新模式，该模式将跨境电商和新零售两种模式进行叠加，依托海关信息化系统便捷高效的特点，全程申报电子化，消费者现场下单后，商品最快20分钟即可完成出区配送手续 • 义乌片区推出自贸试验区"5+2"改革作战图，争取设立国家文化出口基地 • 陕西自贸试验区空港新城功能区全力推进国际邮件、快件和跨境电商"三关合一"，打造集约化、便利化海关监管场地，全力支持国际邮件互换便利化，促进跨境电商产业集聚 • 洋山特殊综合保税区首创的一线进出境径予放行模式，施行"一线径予放行+不设海关账册+汽车保税仓储+展示"政策，最大限度简化了货物的一线进出境手续 • 上海国际贸易单一窗口"进口危险品信息备案系统"正式上线，实现对上海口岸进口危险品的精准服务和有效监管 • 沈阳片区加快建设国际艺术品仓储中心以及数字化认证平台，依托现有交易场所开展展览展示交易，依法合规探索艺术品交易模式及管理创新 • 北京自贸试验区推进对外文化贸易高质量发展，探索开展文化产业数字版权交易，探索文化艺术品展示交易新模式，加快建设国际艺术品贸易平台

制度型开放领域	典型措施
投资	• 浙江自贸试验区推进贸易投资便利化，深化实施跨境贸易投资高水平开放试点 • 上海自贸试验区打造跨国公司总部经济集聚区，实施"全球运营商"计划 • 天津自贸试验区在符合法律法规要求的前提下，探索制定细胞治疗"风险分级、准入分类"政策 • 海南省"十四五"规划提出，实施海南自由贸易港放宽市场准入特别清单、外商投资准入负面清单，进一步放宽外商投资准入限制 • 广东自贸试验区南沙片区深化外商投资准入负面清单的配套改革，争取国家支持允许外资在南沙独资经营医疗机构，探索在医疗器械融资租赁企业等特定行业试行无条件准入、登记式备案、"免审既得""准入即准营"、信用制监管的合格假定监管模式 • 河北自贸试验区进一步放宽互联网、数字经济、生命健康、文化娱乐等领域的投资和经营限制 • 江苏自贸试验区南京片区"十四五"规划提出，借鉴北京市服务业扩大开放综合试点经验，进一步放宽现代服务业和先进制造业外资市场准入限制 • 福建自贸试验区探索在文化娱乐、旅游、医疗健康、建筑规划、专业服务等领域，进一步放宽台资准入条件 • 陕西自贸试验区"十四五"规划提出，进一步提高外商投资负面清单的透明度和市场准入的可预期性，在负面清单基础上，列明各项措施主管部门和法律法规依据，在负面清单之外的领域，按照内外资一致原则，全面梳理并清理取消未纳入负面清单的陕西省当地限制措施 • 辽宁自贸试验区沈阳片区"十四五"规划提出，完善外商投资投诉处理机制，建立国际化、多元化的投资争议解决机制 • 江苏自贸试验区南京片区提出，进一步放宽外商设立投资性公司的申请条件，降低对外国投资者资产总额的要求，取消对外国投资者已设立企业的数量要求 • 黑龙江自贸试验区实行外国投资者主体资格认证减免新模式，允许外国及港澳台投资者免于提交认证、公证文件，允许符合条件的境外投资者自由转移其投资收益 • 四川自贸试验区川南临港片区完善以小时清单制、市场主体承诺即准入、"套餐式"注销等为核心的行业准入和退出机制，开展市场主体登记便利化改革，进一步简化企业开办和注销程序；持续深化以准入即准营清单制、主体业态自选套餐式办证以及"多证合一"为中心的企业准营制度，推行同址同业主体变更告知承诺制、行业综合许可证、标准地供应等制度创新 • 济南片区实现境外投资业务"一窗办理" • 四川自贸试验区推行"信用预审+全程导办"集群注册企业开设模式 • 安徽自贸试验区蚌埠片区、芜湖片区开展"一照通"改革试点，企业通过线上或线下一个窗口一次性提交材料、一次性办理企业开办事项和经营许可事项，企业"准营难"问题将会得到有效的缓解 • 义乌片区推出自贸试验区"5+2"改革作战图，争取行业准入负面清单突破3个以上，争取设立港澳联营律师事务所 • 海南建设的全国首家投资全流程"套餐式"服务平台——海南国际投资"单一窗口"正式上线，为投资者提供"一站式"服务

续表

制度型开放领域	典型措施
数字贸易	●上海自贸试验区临港新片区探索建设国家数据跨境流动试验示范区，在不涉及国家秘密和个人隐私的前提下，探索特定领域数据非本地化存储，有序放开外商投资增值电信业务领域准入限制，完善云计算等新兴业态外资准入与监管，加快建设数据交易所 ●北京自贸试验区推进建设数字贸易港，探索完善数据跨境流动、数据流通等规则制度体系 ●江苏自贸试验区大力发展数字贸易，搭建跨境数字贸易公共服务平台，完善数字贸易监管与保障体系，推动数据跨境安全有序流动。开展数据知识产权地方试点工作，加快推进数据知识产权登记实践 ●上海自贸试验区争取率先深化增值电信领域对外开放，全面构筑数据便捷流通基础设施，加快建设数据交易所 ●广东自贸试验区南沙片区开展数据跨境传输安全管理试点，拓展南沙 IPv6 根域名服务器的服务范围，满足境外 DNS 服务器对南沙 IPv6 根域名服务器的访问需求；推动跨境贸易信息化，满足境外用户访问国内跨境电商平台和支付平台及境内电商企业和员工访问国外报关及清关网站、境外第三方支付、物流平台和供应商网站的需求 ●河北自贸试验区推进公共数据利用改革试点探索跨境数据流动分类监管模式，开展数据跨境传输安全管理试点，推动标志性企业率先实现跨境数据流通试点，加快雄安新区国际互联网数据专用通道申报进度，持续探索完善数据中台搭建、本地处理和存储、源代码托管、个人隐私保护，建立数据泄露事件报告制度 ●陕西自贸试验区探索源代码、算法等信息技术领域知识产权定义及保护范围，研究基于公共目的的数字知识产权豁免条款，探索构建数据隐私保护标准和体系，进一步探索明确在线消费者的基本权利，加强对不公平合同格式条款的制约，明确在线产品价格，加强对消费者权益的保护力度 ●山东自贸试验区青岛片区积极探索构建安全便利的国际互联网数据专用通道 ●辽宁自贸试验区沈阳片区"十四五"规划提出，深化公共电信服务的对内对外开放和市场化竞争，探索在沈阳片区全面开放增值电信业务，允许实体注册、服务设施在沈阳片区的企业，面向共建"一带一路"国家和地区开展互联网数据中心、内容分发网络、在线数据处理与交易处理等业务；主动探索数据本地存储和数据跨境传输等国际规则新领域创新，研究完善数据产权和隐私保护机制 ●浙江自贸试验区南京片区"十四五"规划提出，探索高水平的跨境数据流动开放体系，探索国际互联网数据交换和转接等业务，允许符合条件的境外数字贸易企业提供高端化数据处理、数据分析、数据挖掘等数字贸易增值服务；拓展与国际标准接轨的数字版权确权、估价和交易流程服务功能，建设数字内容和产品资源库；探索公共数据开放机制，引导社会机构依法开放自有数据，推动政务数据与社会化数据平台对接；制订包括海关关税、数码环境、电子交易授权、消费者保护、本地化要求等内容的互联网交易规则 ●重庆自贸试验区积极争取国家支持允许外资按规定从事互联网数据中心业务和内容分发业务，争取国家支持向外资开放国内互联网虚拟专用网业务 ●天津自贸试验区探索国际互联网访问监管新模式，扩大特定人群、特定机构、特定区域的国际互联网访问权限；加强个人隐私数据保护，规范个人信息的采集、传输、存储、使用等行为 ●天津自贸试验区建设数据服务试验区，推动数据标准互认、数字治理和统计监测等制度创新，开发跨境贸易 B2B 出口服务平台 ●苏州片区开通"服贸通中新数据专线"，依托这一数据专线，苏州片区将大力发展云计算、大数据、物联网、人工智能等产业，加快发展数字贸易

制度型开放领域	典型措施
数字贸易	• 济南片区全国首创"链上自贸"数字化贸易平台。通过一物一码、全程可溯、数据共享实现全过程监管的数字化贸易创新 • 福建自贸试验区厦门片区完善"金砖+"贸易数字化体系,推动厦门片区建设贸易数字化示范区,探索设立贸易数字化公共服务平台,提升口岸监管数字化水平 • 福建自贸试验区福州片区建设"丝路电商"生态圈,打造跨境电商全链路服务配套,加快建设共建"一带一路"国家海外仓布局联动 • 杭州片区建设数字经济高质量发展示范区,有序推进数字人民币研发试点,开展跨境数据流动便利化相关试点,依托现有交易场所开展数据交易,高质量举办全球数字贸易博览会 • 河北自贸试验区打造数字商务发展示范区,依托现有交易场所开展数字交易,积极探索数据确权、数据跨境流动、数字贸易等领域规则制度体系。探索跨境电商等外贸新业态的监管新模式
跨境人员流动	• 海南出台《海南自由贸易港出入境管理条例》,制定细化商务人员临时出入境管理标准、程序等 • 广东自贸试验区推动在广州南沙、深圳太子湾等邮轮母港和横琴口岸实施"144 小时过境免签"政策、外国旅游团乘邮轮入境 15 天免签政策。深化与港澳在职业资格互认等领域合作 • 广东自贸试验区南沙片区进一步为商务访问者、公司内部流动人员、合同服务提供者、安装和服务人员及随行配偶、家属提供入境和停居留便利,允许符合条件人员办理有效期最长为 3 年的签证;争取国家支持,授权南沙制定外国人才认定标准,符合条件的可申请办理 R 字签证,在南沙设立口岸签证机构,开展口岸签证业务 • 福建自贸试验区探索为涉外重大投资合作项目项下人员提供出入境绿色通道,为自贸试验区企业外籍员工签发最长期限的居留证件,为自贸试验区引进的外籍人才提供办理长期居留和永久居留便利;优化 144 小时外国人过境免签政策,争取政策辐射区域扩大到整个福建省行政区域 • 重庆自贸试验区探索允许符合条件的境外人员担任法定机构、事业单位、国有企业的法定代表人,允许区内企业邀请的外籍高层次人才申办多年多次的相应签证,允许在区内企业工作的外国人才按规定申办 5 年以内的居留许可 • 上海自贸试验区临港新片区进一步提升境外人才出入境、停居留便利水平,完善电子口岸签证制度,放宽境外专业人士从业限制,实行更加便利的外籍高端人才出入境、停居留和工作许可政策 • 广东自贸试验区争取开展技术移民试点,探索建立涵盖外籍高层次人才认定、外籍技术人才积分、外籍创业人才积分等多种渠道的技术移民体系 • 河北自贸试验区完善过境签证政策,探索争取大兴国际机场入境免签政策 • 广西自贸试验区钦州港片区推动建立跨境劳工试点,探索注册管理和流动聘用制度,适量引入国际劳动力 • 江苏自贸试验区南京片区对符合条件的服务业企业聘用的"高精尖缺"外国人才,经外国人才主管部门认定后按照外国人才(A 类)享受工作许可、人才签证、居留许可等证件办理及社会保障等便利措施和"绿色通道"服务 • 黑龙江自贸试验区黑河片区"十四五"规划提出,在黑河片区工作的外籍及港澳台高层次人才及其配偶、未成年子女,经批准可直接申请办理在华永久居留

续表

制度型开放领域	典型措施
跨境人员流动	• 陕西自贸试验区探索外国人来华工作许可差异化流程，允许符合条件的企业适用告知承诺、容缺受理等制度；对符合市场需求的外籍高层次人才提供签证、停居留及永久居留便利；对海外高层次人才、科研创新领军人才及团队，给予办理外国人工作证、工作类居留许可、人才签证、长期或永久居留"绿色通道" • 义乌片区推出自贸试验区"5+2"改革作战图，争取赋予义乌外籍高端人才确认函和外国专家邀请函权限，争取支持义乌探索建立具有地方特色的外籍高端人才认定标准 • 湖南自贸试验区积极探索外籍人才来华工作居留便利化举措，在全国率先整合科技、公安和海关三个部门的办事窗口，设立湖南自由贸易试验区外国人来华工作一站式服务中心，实现外籍人才来湘工作管理服务三项手续"一口受理，并联审批" • 上海临港新片区颁发首批自主审批外国人来华工作许可证 • 上海临港新片区移民事务服务中心正式启动运行。临港新片区移民事务服务中心是上海首家区域性移民事务服务"一站式"综合服务平台，将探索开展对外籍人才的社会融入服务、长期居留外籍人才的移民辅导服务和对境外人员居留服务、法律服务、语言文化等服务 • 福建自贸试验区平潭片区建设两岸职业资格对接互认平台，打造对台职业资格一体化全链条服务体系 • 北京自贸区建立国际人才全环节管理服务体系，建设外籍人才办事"单一窗口"，优化外籍人才执业、就医、居住等服务保障
国有企业与竞争中性	• 辽宁自贸试验区深化区域性国资国企综合改革试验，健全国有企业市场化经营机制，推动混合所有制企业深度转换经营机制，深化劳动、人事、分配三项制度改革，对国有企业实施差异化分类考核 • 天津自贸试验区对标国际高标准经贸规则，研究出台逐步减少国有企业补贴的操作方案，推动国企采购、财务信息公开透明 • 广东自贸试验区南沙片区探索建立区分国有企业实施商业性活动和非商业性活动的规则体系，分类推进改革和落实市场化改革，推进公益类国有企业的细化分类；探索以竞争中立为核心打造公平的外部市场竞争环境，扩大公平竞争审查范围，重点清理妨碍民营企业发展和违反内外资一致性原则的歧视性准入、指定交易政策措施，开展与世界反垄断司法辖区及东盟、共建"一带一路"国家和地区竞争执法机构的执法交流；争取反垄断执法部分授权试点，进一步加强反垄断监管执法 • 上海自贸试验区临港新片区"十四五"规划提出，建立完善公平竞争审查联席会议运行机制，试点经营者集中反垄断审查制度 • 河北自贸试验区坚持竞争中性原则，保障各种所有制、各类市场主体依法平等准入、依法平等使用资源要素、公平参与市场竞争 • 辽宁自贸试验区沈阳片区探索将服务贸易和国际投资纳入国企非商业援助的范围 • 江苏自贸试验区南京片区探索建立公平竞争审查与经营者反垄断审查机制，对片区垄断协议行为实施分类监管，确定垄断协议豁免的具体条件 • 陕西自贸试验区完善公平竞争审查制度，持续清理与企业性质挂钩的行业准入、资质标准、产业补贴等规定和做法，维护公平竞争市场秩序，保障内外资企业公平参与市场竞争 • 重庆自贸试验区探索对国际经贸规则中国有企业条款进行先行先试，建立健全竞争政策实施机制，规范政府补贴政策，强化信息披露，推动构建公平竞争审查制度和争议解决机制，探索建立公平竞争市场环境指标体系，建立违反公平竞争问题反映和举报绿色通道，加强反垄断和反不正当竞争执法

制度型开放 领域	典型措施
国有企业与 竞争中性	●上海临港新片区开展强化竞争政策实施试点。试点工作将探索建立更细化、可操作性更强的竞争政策制度规则 ●海南自贸试验区反垄断委员会成立。反垄断委员会代表省政府在职责范围内开展相关工作，履行公平竞争审查厅际联席会议制度牵头职能，统筹协调、指导推进强化竞争政策实施和公平竞争审查厅际联席会议制度的各项工作
政府采购	●上海临港新片区"十四五"规划提出，健全政府采购和招标制度规范，实施招标投标全流程电子化 ●辽宁自贸试验区沈阳片区提出，分行业、分领域开放政府采购市场，探索对标国际标准设立独立的政府采购仲裁机构；制定政府采购负面清单，逐步完善网站建设及信息公开机制；探索建立政府采购供应商统一认证制度，加快制定支持中小企业参与政府采购的具体实施方案 ●天津自贸试验区坚持"规制中立"原则，除部分特殊产品和服务外，政府在采购产品或服务时，对各类市场主体一视同仁；合理设置资质要求，引导更多民营企业和外资企业依托自身技术和产品优势参与竞争 ●广西自贸试验区钦州港片区采用远程异地评标的方式，实现不同区域、不同研究领域专家资源共享，提高了公共资源交易效率
知识产权	●浙江自贸试验区在知识产权领域开展先行先试，加快建设国家级知识产权服务出口基地，加强国际知识产权仲裁和调解力量建设，探索开展数据知识产权制度改革试点，率先构建与国际先进规则接轨的知识产权保护运用机制 ●河北自贸试验区强化知识产权全链条保护，对标国际探索健全大数据、人工智能、基因技术等新领域新业态知识产权保护制度，对于故意侵害知识产权且具有反复侵权、持续时间长、规模较大等严重情节的，依法适用惩罚性赔偿制度 ●广东自贸试验区探索在知识产权领域建立国际商事争议案件集中审判机制，健全知识产权快速协同保护机制，构建知识产权侵权惩罚性赔偿机制 ●广东自贸试验区南沙片区创新贸易知识产权保护方式，完善知识产权执法部门协作、信息互通、信息共享渠道，打造知识产权侵权预警机制 ●陕西自贸试验区加强共建"一带一路"国家知识产权合作，开创"一站式"知识产权管理保护新模式和适应"一带一路"知识产权司法救济的示范模式 ●重庆自贸试验区发挥保全的制度效能，推进知识产权案件繁简分流，提高知识产权司法救济的及时性和便利性 ●辽宁自贸试验区沈阳片区完善知识产权边境保护制度，探索过境货物海关依职权实施知识产权边境保护的具体措施及流程，允许采用债券的方式提供边境知识产权保护的担保 ●天津自贸试验区深化知识产权审判领域改革创新，健全知识产权诉讼制度，落实知识产权惩罚性赔偿制度 ●江苏自贸试验区南京片区"十四五"规划提出，探索商业秘密等知识产权保护机制，依法积极适用惩罚性赔偿制度；在数字产业保护、医药数据保护期、新型商标等热点知识产权保护领域制定更高的保护标准；开展新型知识产权法律保护试点，探索人工智能、互联网信息、生命信息等新类型数字化知识产权财产权益法律保护新模式 ●四川自贸试验区创制了知识产权刑事案件双报制，努力破解知识产权刑事保护难题 ●四川自贸试验区法院在开展知识产权审判工作中，创新性地将知识产权案件审理过程中的司法送达、证据保全、证据调查、现场勘验、专家陪审等事务，以及执行中的调查、保全等事务进行剥离，实现知识产权审判辅助事务的集约化管理，提升知识产权案件审判质效

续表

制度型开放 领域	典型措施
知识产权	• 四川自贸试验区建立知识产权类型化案件快审机制，对案件类型和要素进行抽象和模板化归纳，形成以"两表指导、审助分流、集中审理、判决简化"为特点的要素式案件审理流程创新，以"集约化管理、专业化分工"为特点的集约化案件管理机制创新，以"标准化操作"为特点的案件质量控制创新 • 张江地区人民检察院专门办理知识产权案件启动。张江地区人民检察院的职能将调整为专门办理浦东新区辖区内全部知识产权案件，成为全国首个实现知识产权刑事、民事、行政、公益诉讼检察职能"四合一"专门集中履行的基层派出检察院 • 上海首个市场化运行的知识产权维权互助基金在临港新片区落地。临港新片区知识产权维权互助基金成立后，将围绕提供分析预警服务、提升维权意识能力、指导资助纠纷应对、构建知识产权维权保护一站式协调平台等核心功能，加强成员单位自主维权意识和水平，降低企业维权成本，鼓励成员单位主动维护自身知识产权权益 • 平潭片区推出"三同步"机制保护知识产权。"三同步"机制是行政处罚、行政调解、司法确认"三同步"，即成立行政调解委员会的行政机关，在对涉知识产权侵权案件作出行政处罚前，可依当事人申请，同步组织行政调解；经行政机关调解达成协议的，行政机关在作出行政处罚的幅度范围内，同步进行违法行为综合评判，考虑是否给予从轻或减轻处罚；对于双方当事人申请法院司法确认的，由行政机关通过人民法院调解平台提交相关材料，法院同步审查作出司法确认 • 北京自贸试验区探索数字经济知识产权保护新制度新模式，创新知识产权转换决策和权益分配机制
中小企业 发展	• 陕西自贸试验区强化中小企业研发创新能力，大力支持创新型、科技型中小微企业附着各产业园区进行依附式科研服务，承接企业项目化技术更新与产品迭代业务；搭建创新合作交流平台，引导外部智库、海内外专家、业界精英与成长型中小企业、创新创业带头人建立常态化互动联系；全面落实政府采购促进中小企业创新发展的相关措施，扩大对自贸试验区内中小企业创新产品的采购范围 • 山东自贸试验区青岛片区"十四五"规划提出，建设包括政府公共服务、市场专业服务和行业协会自律服务的中小商贸企业综合服务体系，开展中小企业，特别是中小外贸企业成长行动计划，推进中小企业"抱团出海"行动，增强中小企业贸易竞争力 • 苏州片区"园采贷"线上平台启动，该政策充分发挥政府采购政策功能，依托政府采购应收账款助力中小企业融资 • 四川自贸试验区推出"科创贷"，解决小微企业及中小科技企业融资难题 • 浦东新区针对知识产权密集型中小微企业推出"知易贷"，享受对象主要为税务管理在浦东新区，且持有专利、商标、地理标识、集成电路布图设计、著作权等形式的知识产权合计3件及以上的中小微企业。在产品设计、流程优化上，也充分为企业考虑，具有成本低、审批短、服务佳、授信高四个特点 • 浦东新区与上海市财政局举行"浦东创新贷"市、区联动合作签约暨上海市中小微企业政策性融资担保基金管理中心自贸试验区服务基地揭牌仪式，持续优化浦东中小企业营商发展环境，助力浦东中小微企业发展壮大
环境保护	• 湖北自贸试验区加快"绿色自贸"建设，大力发展新能源汽车、汽车零部件及机电产品再制造等绿色产业，研究制定有关再制造产品质量安全监管措施，培育绿色流通主体，建设绿色供应链。推进绿色低碳金融产品和服务开发，探索"金融+科技+低碳"的绿色发展路径

制度型开放领域	典型措施
环境保护	• 广东自贸试验区南沙片区通过建立产品全生命周期碳足迹溯源体系、打造碳排放数字治理模式示范试点、加大对碳减排项目的支持力度、引导社会资本参与气候投融资试点等举措，探索打造绿色自贸区 • 辽宁自贸试验区沈阳片区高标准实施生态环境损害赔偿制度 • 河北自贸试验区大力发展绿色贸易、绿色金融，积极扩大先进生态环境治理与低碳技术进口，以及研发设计、环境服务等生产性服务进口；积极参与对标国际的绿色金融标准体系制定，完善绿色金融发展机制 • 山东自贸试验区青岛片区建立和实施绿色生态可持续发展指标管理体系，统领区域城市规划、经济发展和绿色生态建设，将生态发展与高质量发展有机统一，贯穿于投资洽谈、土地供应、工程建设、运营管理等各个环节；探索生态资源、污染物排放交易机制 • 江苏自贸试验区南京片区"十四五"规划要求，在征收环境保护税、规范第三方污染治理、完善环境损害鉴定评估技术体系等领域进行率先探索 • 重庆自贸试验区全面推行"生态+""+生态"发展新模式，构建以产业生态化和生态产业化为主体的开放型经济产业体系；强化开放型经济产业发展环境监管，防范和降低地生态环境的不利影响 • 天津自贸试验区加强绿色信息体系建设，提供绿色评级服务，推动制定碳足迹认证标准 • 江苏自贸试验区南京片区打造基于出口数据的碳成本量化分析系统，接轨国际法规标准，帮助企业实时掌握出口产品的碳排放规模，进而量化企业出口碳成本，积极应对绿色贸易壁垒 • 山东自贸试验区青岛片区发布自贸试验区绿色发展指标体系，包含经济、环境、社会、治理四大维度，设置了绿色贸易、绿色港航物流、绿色产业、绿色创新、绿色金融、绿色环境、绿色资源与能源、绿色建设、绿色生活、绿色智能、绿色交流、绿色机制体制共12类、40个大项 • 浙江自贸试验区舟山片区率先在全国推出"电碳税"指数综合评价体系 • 湖北自贸试验区宜昌片区积极探索生态环境非现场执法监管，推行智能远程监测——网数据采集—对比分析研判—部门审核认定—立案执法检查的闭环管理模式，为打好污染防治攻坚战提供了有力执法保障 • 湖北自贸试验区宜昌片区推出企业用能权有偿使用，有力推进了节能减排，促进了化工产业转型升级 • 湖北自贸试验区宜昌片区围绕建立生态环保硬约束机制的试验任务，编制并发布了国内首部环境控制性详细规划 • 浦东先行先试上线智慧能源"双碳"云平台。全面整合电力、水务、燃气、政府、社会等多方系统平台数据，以企业能源碳排放量、清洁能源碳减排量、交通电能替代碳排量等能源碳排数据为分析对象，为政府部门、能源企业、用能客户提供能源碳监测、能源碳评估及能源碳预测等功能 • 海南国际碳排放权交易中心首单跨境碳交易成功落地。海碳中心将继续探索创新，不断丰富和完善自愿减排交易市场服务，加快打造具有国际竞争力的碳资产交易综合服务平台 • 福建自贸试验区推动海洋经济发展示范区建设，创新海洋环境治理与生态保护模式 • 雄安片区制定绿色金融标准，大力培育环境权益交易市场 • 昆明片区打造面向南亚、东南亚的区域绿色能源合作中心，完善跨境电力注册、交易、结算等模式，建设跨境电力交易平台

续表

制度型开放领域	典型措施
环境保护	• 北京自贸试验区大力发展绿色金融，推进近零碳排放示范工程，推广综合智慧能源服务项目，打造国家绿色发展示范区 • 合肥片区打造长三角绿色低碳"中国环境谷"，探索建立环境科技新技术应用场景对接发布机制
劳工权益	• 海南省"十四五"规划提出，全面实行劳动合同制度，创新劳动关系协调机制，健全劳动关系矛盾调处机制；推动企业厂务公开、民主协商，推进签订集体合同；完善劳动人事争议处理制度，提升劳动人事争议调解仲裁效能 • 辽宁自贸试验区沈阳片区"十四五"规划提出，争取国家允许修订促进和谐劳动关系的相关地方法规，探索适应新技术新业态发展需要的，包括快递员、网约车司机等工种在内的特殊工时管理制度 • 江苏吴江建立全国首个破产企业劳动争议处置衔接机制，引导当事人依照《中华人民共和国企业破产法》的规定在破产程序中行使权利 • 天津高新区成立新就业形态劳动者工会组织，保障劳动者基本权益，提高劳动者安全系数，成为新业态劳动者的"福利加油站" • 天津自贸试验区探索以网络货运为主的新型就业劳动者权益保障新模式
行业标准	• 重庆自贸试验区对标 CPTPP 中的 TBT、SPS 规则，探索推动技术标准升级，探索制定地方低碳技术规范和标准，培育、发展和推动优势特色标准成为国际标准 • 上海自贸试验区金桥片区支持园区内龙头企业、产业联盟共同参与制定智能制造、数字技术等相关领域的技术标准 • 陕西自贸试验区探索制定数据交易标准规范，探索建立大数据交易主体、交易平台、交易模式等规则制度，研究建立促进公共数据开放和数据资源有效流动的制度规范；在农业标准化、农业安全、中欧班列陆上贸易规制、航权航运等领域开展规则探索 • 广东自贸试验区南沙片区推进与共建"一带一路"国家联合制定相互认可的农产品技术标准，加强现代农业国际交流合作和规则对接 • 重庆自贸试验区深入推进陆上贸易规则探索，制定多式联运单证签发、流转等相关操作规范和行业标准，加强多式联运、保险、理赔等领域研究，推动相关商贸、运输等国际贸易规则的修订 • 重庆自贸试验区积极开展陆上贸易规则探索，推进国际陆路运输"国家标准+核心单证+标准化体系"创新取得成效 • 湖南自贸试验区长沙片区芙蓉区块打造国内首个标准化产业集聚区——芙蓉标准化小镇，发挥自贸区先行先试的优势，激发标准行业创新活力 • 上海中医药大学中医药国际标准化研究中心成立。作为上海科创中心的一个重大项目，该中心具有"部市共建""合作共建"的平台功能，进一步创新机制体制，实现资源共享和高效协同，有力推进中医药国际标准化建设，并以此带动中医药国际贸易，更好地服务于中医药国际化和中国标准"走出去"战略

第四章

我国自贸试验区制度型开放的现状分析

——基于河南省实践

挂牌六年多来，河南自贸试验区紧紧围绕战略定位，在投资管理、贸易便利、金融开放、事中事后监管、多式联运等多个领域积极探索，很好地发挥了全面深化改革试验田作用，制度型开放水平明显提高。本章主要结合河南自贸试验区基本情况，从河南自贸试验区制度型开放的创新实践与高标准国际规则的对标分析、与区域发展的适配性分析中，找差距、找短板、找制约因素，为加快推进制度型开放战略提供依据。

第一节　河南自贸试验区的基本情况

一、河南自贸试验区战略定位和区域布局

建立河南自贸试验区是党中央、国务院的重大决策，是新形势下全面深化改革、扩大开放和深入推进"一带一路"的重大举措。作为我国第三批设立的自贸试验区，河南自贸试验区于 2017 年 4 月 1 日正式挂牌运行。

2017 年 3 月 15 日，国务院印发了《中国（河南）自由贸易试验区总体方案》，明确河南自贸试验区战略定位：以制度创新为核心，以可复制、可推广为基本要求，加快建设贯通南北、连接东西的现代立体交通体系和现代物流体系，将自

贸试验区建设成为服务于"一带一路"建设的现代综合交通枢纽（以下简称"两体系、一枢纽"战略定位）、全面改革开放试验田和内陆开放型经济示范区。《中国（河南）自由贸易试验区总体方案》明确河南自贸试验区实施范围是119.77平方千米，涵盖三个片区：郑州片区73.17平方千米（含河南郑州出口加工区A区0.89平方千米、河南保税物流中心0.41平方千米），开封片区19.94平方千米，洛阳片区26.66平方千米。河南自贸试验区的发展目标是经过3~5年改革探索，形成与国际投资贸易通行规则相衔接的制度创新体系，营造法治化、国际化、便利化的营商环境，努力将自贸试验区建设成为投资贸易便利、高端产业集聚、交通物流通达、监管高效便捷、辐射带动作用突出的高水平高标准自由贸易园区，引领内陆经济转型发展，推动构建全方位对外开放新格局。

按区域布局和功能定位划分，郑州片区重点发展智能终端、高端装备及汽车制造、生物医药等先进制造业及现代物流、国际商贸、跨境电商、现代金融服务、服务外包、创意设计、商务会展、动漫游戏等现代服务业，在促进交通物流融合发展和投资贸易便利化方面推进体制机制创新，打造多式联运国际性物流中心，发挥服务"一带一路"建设的现代综合交通枢纽作用；开封片区重点发展服务外包、医疗旅游、创意设计、文化传媒、文化金融、艺术品交易、现代物流等服务业，提升装备制造、农副产品加工国际合作及贸易能力，构建国际文化贸易和人文旅游合作平台，打造服务贸易创新发展区和文创产业对外开放先行区，促进国际文化旅游融合发展；洛阳片区重点发展装备制造、机器人、新材料等高端制造业及研发设计、电子商务、服务外包、国际文化旅游、文化创意、文化贸易、文化展示等现代服务业，提升装备制造业转型升级能力和国际产能合作能力，打造国际智能制造合作示范区，推进华夏历史文明传承创新区建设。按海关监管方式划分，河南自贸试验区内的海关特殊监管区域重点探索以贸易便利化为主要内容的制度创新，开展保税加工、保税物流、保税服务等业务；非海关特殊监管区域重点探索投资体制改革，创新内陆地区开放发展机制，完善事中事后监管，积极发展高端制造业和现代服务业。

二、河南自贸试验区重要建设事项及战略部署

六年多来，河南自贸试验区围绕"两体系、一枢纽"战略定位，聚焦重点领域、关键环节、基础性制度开展深层次改革试点，引领河南制度型开放，郑州、开封、洛阳三大片区结合资源禀赋优势聚力打造产业发展高地，勇当对外开放排头兵，一系列重要事项及战略部署有序展开。

为贯彻落实国务院印发的《中国（河南）自由贸易试验区总体方案》，2017年4月8日，河南省人民政府印发了《中国（河南）自由贸易试验区建设实施方案》，从总体要求、功能布局、主要任务和保障机制等方面做出安排部署，加快推进河南自贸试验区建设。

2017年3月29日，河南省人民政府印发的《中国（河南）自由贸易试验区管理试行办法》对河南自贸试验区的管理体制、投资管理、贸易便利化、金融财税管理、现代交通物流体系与"一带一路"建设、综合管理与服务等办法进行了明确，对河南自贸试验区的综合管理、法治环境、综合服务等方面做出了相关规定。

2017年8月28日，河南省人民政府印发了《关于中国（河南）自由贸易试验区实施第一批省级经济社会管理权限的决定》，确定河南自贸试验区实施的第一批455项省级经济社会管理权限，其中108项省级行政许可事项、204项省级行政处罚事项由自贸试验区各片区管委会集中实施，57项省级行政检查事项、行政确认事项和其他职权事项下放自贸试验区各片区管委会或有关部门实施，86项省级行政检查事项、行政确认事项和其他职权事项委托自贸试验区各片区管委会实施，进一步激活河南自贸试验区创新发展活力。

2017年10月30日，河南省人民政府印发了《中国（河南）自由贸易试验区建设重大改革专项总体方案》和政务服务体系、监管服务体系、金融服务体系、法律服务体系和多式联运服务体系五大建设专项方案，推动河南自贸试验区各项改革试点任务有效落实，全面提升自贸试验区建设质量和水平。

2021年4月2日，河南省第十三届人民代表大会常务委员会第二十三次会议通过了《中国（河南）自由贸易试验区条例》，2021年7月1日正式施行。《中国（河南）自由贸易试验区条例》是对河南自贸试验区高质量发展的法治保障，也是对新阶段自贸试验区改革创新开放发展的顶层设计，在河南自贸试验区发展进程中具有里程碑意义。

2021年4月12日，中共河南省委、河南省人民政府印发了《关于推进中国（河南）自由贸易试验区深化改革创新打造新时代制度型开放高地的意见》，为自贸试验区制度型开放列出了时间表、任务书和路线图。

2021 年 12 月 27 日，河南省人民政府办公厅印发了《中国（河南）自由贸易试验区开放创新联动区建设实施方案》《中国（河南）自由贸易试验区促进制度创新试行办法》，为自贸试验区进一步创新发展、发挥示范引领和辐射带动作用做出了安排部署。

2021 年 12 月 31 日，中国（河南）自由贸易试验区建设领导小组办公室印发了《中国（河南）自由贸易试验区"十四五"发展规划》，阐明了"十四五"时期河南自贸试验区建设的指导思想、发展定位、发展目标，展望了二〇三五年远景目标，明确了主要任务和实施保障，成为了高水平建设河南自贸试验区 2.0版的重要依据和行动指南。

2023 年 2 月 23 日，河南省人民政府印发了《中国（河南）自由贸易试验区2.0 版建设实施方案》，明确提出河南自贸试验区将在更大范围、更深层次、更宽领域深化改革创新、扩大开放，构建现代产业体系，为实施制度型开放战略探索新路径、积累新经验，加快建设新时代制度型开放高地。

六年多来，河南自贸试验区紧紧围绕"两体系、一枢纽"战略定位，以制度创新为核心任务，以可复制、可推广为基本要求，累计形成了515 项改革创新成果，跨境电商、商品期货、多式联运、政务服务、文化贸易等多项改革走在全国前列，很好地发挥了全面深化改革试验田作用，制度型开放水平明显提高。郑州片区加快推动多式联运国际性物流中心建设，开封片区在文化产业对外开放与创新发展方面先行先试，洛阳片区着力打造国际智能制造合作示范区。当前，随着《河南自贸试验区 2.0 版实施方案》的出台，河南自贸试验区将围绕"两体系、一枢纽"建设深化制度创新，在多式联运、中欧班列、空中丝路、跨境电商等方面深度对标国际高标准经贸规则，全力打造国内国际双循环战略重要支点，朝着建设制度型开放先导区、高能级国际物流枢纽、现代产业高质量发展示范区及营商环境国际化引领区的目标稳步迈进。

三、河南自贸试验区发展过程中存在的困难和问题

整体上讲，自挂牌以来，河南自贸试验区建设成效显著，很好地发挥了全面深化改革试验田作用。但是从其承担的历史使命和建设实践来看，与发达地区的自贸试验区相比存在明显差距。

一是河南外向型经济发展整体水平仍然较低。2023 年 1 月 15 日，郑州海关发布的河南省外贸"成绩单"显示，2022 年，河南省外贸进出口总额达 8524.1 亿元，比 2021 年增长 4.4%，进出口规模居全国第 9 位。尽管 2022 年的进出口总额跃居全国第 9 位，但是其占全国的份额才 2.0%，与河南经济大省和人口大省的地位不相称，所以，在开放强省建设过程中如何更好发挥示范带动作用，河南自贸试验区任务艰巨。二是与东南沿海地区相比，河南自贸试验区创新性政策举措仍然比较保守，开放发展力度偏弱，直接影响河南自贸试验区高水平开放发展，不利于招大引强，尤其是影响对世界著名企业的吸引力。三是河南自贸试验区制度型开放水平较低。过去很多政策举措仍然停留在办理具体事项上，系统性、整体性不够，制约开放发展水平。同时，与全国其他自贸试验区类似，河南自贸试验区发展过程中也存在试验空间受限（受单个片区或区块面积过小，或者地理空间上过于分散的影响，难以承载系统集成性改革和大型新兴项目建设）、制度集成创新不够（自贸试验区制度创新碎片化）、成果复制推广与承接转化不足、辐射带动效应不强、制度创新红利难以完全有效释放、创新动力减弱等方面的问题。

上述问题在不同程度上制约了河南自贸试验区高水平建设。但是，总体来看，这些困难和问题都是发展中的问题、前进中的问题。我们要用辩证思维积极看待形势发展变化，进一步强化问题意识、坚持问题导向，以开放的思维和创新的理念，用发展的办法解决发展中的问题，以问题的有效解决推动发展的进步，推进河南自贸试验区高质量发展。

第二节　河南自贸试验区制度型开放的实践探索

河南自贸试验区立足战略定位，依托区位特色、资源优势，着力推进制度型开放，不断优化体制机制，强化系统集成创新，特色化和集成化制度创新成效显著，以贸易投资便利化为核心的政策制度体系不断健全。

一、探索制度型开放的新模式

1. 政府管理服务模式新探索

以"放管服"改革为抓手,全面推进政府管理体制改革,着力打造以"一网通办"前提下"最多跑一次"为核心的政务服务体系品牌。"多证合一"改革持续推进,企业集群注册制度、企业简易注销改革全面实施。"证照分离"改革全覆盖,建立综合统一的行政审批机构,简化审批事项和流程。大力推进"互联网+政务服务",推出自贸通、指尖上的政务、e证通、郑好办、豫事办等政务服务平台,打造政务服务"一张网"。推出"六个一"标准化政务服务新模式等举措,建立政务服务标准化制度体系,提升政务服务标准化水平。建成事中事后综合监管平台,以信用为基础的事中事后监管体系不断完善。河南自贸试验区的"放管服"改革,比重大、亮点多。例如,在全国率先实行"二十二证合一"改革,率先建成"一网办、不见面、一次也不跑"全程电子化登记系统,上线全国首家企业登记实名验证系统,率先试点企业简易注销登记改革。推出"建设项目水、电、气、暖现场一次联办""一码集成"服务、"强制退出"等一系列制度创新,企业办事效率与获得感全面提升。

河南自贸试验区政务服务创新的一个显著特点是聚焦企业全生命周期服务创新。在企业开办阶段,全程电子化平台实现企业登记"零跑腿",通过"一网通办"平台推广"企业开办+N项服务",实现多数事项1天办结。针对个别缺少启动资金、暂时没有租赁经营场所的情况,"集群注册"政策帮助年轻人"拎包创业"。全面推行"证照分离"等改革创新,推行"准入即准营"。在建设阶段,推行企业投资项目承诺制,监管部门把重点放到事中事后监管,项目开工进程明显提速。实施"服务八同步、拿地即开工"等模式创新,大幅降低了项目开发时间和资金成本。在运营阶段,推出增值税期末留抵税额退税"轻松退"等创新举措,打造增值税期末留抵退税网上"智能预填、一键确认、线上直退"全程网办新模式;在退出阶段,"企业简易注销""强制退出"等创新让企业更加便利。

2. 创新投资管理新模式

《中国(河南)自由贸易试验区条例》第十六条规定:"自贸试验区应当对外商投资实行准入前国民待遇加负面清单管理制度""负面清单之内,符合自贸试验区发展实际的特殊投资项目，自贸试验区可以在省人民政府支持下争取国家的特别授权或者审批豁免。"河南自贸试验区全面落实准入前国民待遇和负面清单管理制度，着力构建与负面清单管理方式相适应的事中事后监管制度，积极有效引进境外资金、先进技术和高端人才，不断提升外商投资利用水平。按照"有限核准、普遍备案"原则，对鼓励类外商投资项目全部实现备案管理。企业投资项目承诺制普遍实施，项目开工进程明显提速。推进投资审批并联化、投资业务在线化、投资事项标准化、投资手续精简化。积极构建对外投资合作服务平台，完善"走出去"政策促进、服务保障和风险防控体系，将自贸试验区建设成为企业"走出去"的窗口和综合服务平台。开封片区加快推动文化产业开放发展，创新打造"自贸+文化"发展模式。洛阳片区谋划实施了洛阳—布哈拉农业综合示范区项目，实现境内境外园区双向互动，引导农业全产业链"走出去"。

3. 探索贸易监管新模式

聚焦口岸通关和监管制度创新，进一步完善贸易便利化政策制度体系。加快推进国际贸易"单一窗口"建设和功能拓展，率先在中西部地区实现结售汇、出口退税、税费支付等金融功能上线融合。鼓励企业参与"自主报税、自助通关、自动审放、重点稽核"等监管制度创新不断推进，"一线放开、二线安全高效管住"的检验检疫通关监管服务模式不断深入。"互联网+预约通关"系统、"四自一简"监管改革、进境动植物检疫流程优化等创新举措相继推出，贸易便利化水平大幅提升。探索了"空检铁放""铁检铁放""空检空放"等新型监管模式，明确可以先行运输小批量进口样品实施检验。着力构建跨境电商新型监管体系，跨境电商零售进口正面监管模式、跨境电商零售进口退货中心仓模式、跨境电商市场领域智慧监管新模式、"网购保税+实体新零售"、跨境电商保税备货1210模式等创新举措，为全国创造了可复制推广的经验。

4. 创新金融开放新模式

围绕赋能金融开放创新监管、探索跨境金融服务等方面，健全相关政策制度，营造良好金融市场环境，增强服务实体经济功能。鼓励证券、期货、股权投资基金等非银行类机构入驻自贸区，引导各类资本市场主体积极参与自贸试验区建设。中国人民银行郑州中心支行牵头制定印发《中国（河南）自由贸易试验区金融服务体系建设专项方案》，推动各监管部门适时出台支持文件20余份，提出具体举措 200 余条，有力支持了多式联运、跨境电商、文创旅游和装备制造业发展。河南省地方金融监督管理局对符合条件的小额贷款公司适当放宽信贷账户限制，扩大业务范围。郑州片区在全省率先开展合格境外有限合伙人（QFLP）试点探索工作，加快推动试点业务落地，推动郑东新区龙子湖智慧岛私募基金集聚发展。郑州商品交易所积极探索商品期货领域对外开放和新产品开发，商品指数期货研发工作取得了阶段性进展，天气指数期货等新型衍生品储备工作初见成效。开封片区破除了基金投资类企业注册"玻璃门"，放宽了基金投资类企业登记，在注册资本、企业法人、管理人员和治理结构等方面明确了基金类企业和基金管理类企业入驻条件。洛阳片区出台了类金融企业管理办法，加快对民营企业和外资有序开放，积极培育类金融企业；推出"信贷+信用"普惠金融模式，开通了跨境金融区块链服务平台，便利企业开展融资业务。

5. 多式联运新探索

充分发挥综合交通枢纽优势，不断完善多式联运标准体系，全面推进多式联运国际性物流中心建设。2020 年印发的《河南省多式联运标准体系》，从基础设施、运载单元、载运工具、转运设备、联运服务、信息交换 6 个方面，在全国率先出台省级多式联运标准体系框架。鼓励企业探索多式联运规则，探索形成了空陆联运装载装备标准化、公铁联运枢纽场站业务作业标准、公铁联运信息系统数据交换接口标准、综合货运枢纽运营效果评价指标和国际公铁联运中集装箱联运衔接规范、综合货运枢纽服务规范"四标准（指标）、两规范"。健全多式联运综合信息服务平台，提升无纸化、数字化、信息化水平，促进多式联运数据交易服务平台的互联互通和信息共享。郑州片区积极探索"运贸一体化"国际班列运行模式、国际陆路多式联运提单物权化、航空物流电子货运试点、"提单质押+货物监管+担保"模式、空空转运、空陆联运、铁海公联运及铁公空联运模式，加快构建多式联运服务体系。开封片区着力打造内外贸物流一体化组织模式。

6. 构建产业发展新模式

深入践行新发展理念，推动制度创新与产业发展深度融合，将制度红利不断转化为产业发展动力。河南自贸试验区各片区聚焦特色产业链创新，产业发展实现高质量聚集，产业链特色优势显现，引领推动全省形成更高层次的现代产业体系。出台了郑州片区打造多式联运国际性物流中心、开封片区建设服务贸易创新发展区和文创产业对外开放先行区、洛阳片区打造国际智能制造合作示范区三个专项方案，提出加大政策创新力度，赋能产业发展。郑州片区打造大宗商品供应链数字化服务平台，为金融机构和企业提供实时交易和全流程风控数字化的供应链解决方案，为大宗商品产业链创造增量价值。开封片区创新打造"自贸+文化"发展模式，探索形成了聚焦国际化构建艺术品交易全链条服务体系、仓内展示交易、仓外全国范围保税展示交易等制度创新成果。洛阳片区推出"四链融合"促进洛阳老工业基地转型升级方案，扎实推进工业企业实施企业技术、深度智能化、加速绿色化"三大改造"。在要素资源保障服务方面，开展国有土地出让考古前置改革，创新"五轮驱动"破解民营经济职称评审瓶颈，创新知识产权保障模式。2022年8月河南省在洛阳、郑东新区等地启动了六大要素市场化配置改革试点。

围绕产业新模式推进平台建设，洛阳片区周山双创智慧岛项目汇聚了装备制造、新能源、生物医药等领域共5个国家级研发平台，高技术创业中心、中科科技园、留学生创业园3个国家级孵化器，智能装备制造等领域3个国家级众创空间。开封片区聚焦打造中高端文化产业聚集新高地，促进特色文化产业对外开放与创新发展，加快推进各类开放平台建设。例如，开封片区设立的中部地区首个艺术品保税仓——中国（河南）自贸区国际艺术品保税仓，也是全国第二个在海关特殊监管区域外的艺术品保税仓通过验收，对开封片区构建"国内艺术品走出去，境外艺术品走进来"通道，形成集艺术品保税展示、仓储、交易、物流、担保、租赁、税收、金融等全产业链的国际性艺术品交易平台，助力开封打造国际艺术品交易中心具有重要意义。依托艺术品保税仓，开封片区着力打造"一处一行三中心"五个功能平台。

二、构建制度型开放的新体制

1. 基础制度体系日益完善

河南自贸试验区出台了《关于推进中国（河南）自由贸易试验区深化改革创新打造新时代制度型开放高地的若干意见》，制定了《中国（河南）自由贸易试验区建设实施方案》《中国（河南）自由贸易试验区管理试行办法》，出台了《中国（河南）自由贸易试验区建设重大改革专项总体方案》，以及政务服务、监管服务、金融服务、法律服务、多式联运服务五大改革专项方案，颁布了《中国（河南）

自由贸易试验区条例》。河南自贸试验区基础制度体系建设基本成型，已经形成总体方案引领、建设实施方案统筹、片区实施方案落实、五大服务体系支撑、专项配套政策合力支持、意见推动、条例依法保障的自贸试验区制度框架体系。

2. 制度型开放推进机制持续优化

构建了条块结合、协同推进的管理架构和常态化的运行机制，形成了上下联动统筹协作，顶层设计与基层探索良性互动的格局。河南省政府成立了由主要领导任组长的高规格自贸试验区建设领导小组，高位推动各项建设工作；设立了河南自贸试验区工作办公室，统筹协调上下联动形成推进合力。各片区加快构建精简高效、权责明晰的自贸试验区管理体制和工作推进机制，郑州、开封、洛阳市政府主要领导任片区管委会主任。郑州片区构建了市、管委会、各区块有机衔接的三级工作体系，郑州经济技术开发区、郑东新区、金水区已成立了区块管委会。开封片区与开封经济技术开发区机构编制套合，着力构建"3553"工作体系，创新自贸发展理念，优化工作机制。洛阳片区全面推行"管委会+公司"发展模式，深入开展"三化三制"改革，彻底剥离社会管理职能，形成目前的"六部三中心"，即高新技术产业开发区（自由贸易试验区、综合保税区）综合协调部、经济运行部、规划建设部、财政金融部、贸易促进部、科技创新部和洛阳自创综合服务中心、洛阳自贸综合服务中心、中国（河南）自由贸易试验区洛阳片区综合服务中心。

3. 赋予自贸试验区更大改革自主权

以"综合性、一揽子授权""应放尽放"为原则，省市政府加大向自贸试验区下放管理权限力度。2017年9月，河南省政府向自由贸易试验区第一批下放455项省级经济社会管理权限，充分释放自贸试验区在自主决策、制度创新、探索实践等方面的空间和活力。截至2023年底，郑州片区将105项涉及中央事权、55项涉及省级事权及96项郑州市确定的改革事项，梳理形成了256项改革创新试点任务。开封市政府向开封片区一揽子下放2358项市级经济管理权限，探索推进省、市、区三级经济管理权限集中审批、集中监管。洛阳片区对照1494项市级权限，逐项研究，梳理权责清单、优化审批流程，交由自贸区统一行使①。

---

① 　资料来源：笔者自行整理。

4. 跨区域、跨部门、跨行业系统集成创新

积极整合多方力量，强化制度创新整体设计，打通不同地区、部门和行业之间的壁垒，推出了更多集成性制度创新成果。例如，郑州片区、开封片区联合推出政务服务"跨区通办"，开封片区联合山东、陕西等自贸试验区及当地海关创新构建黄河流域"端到端"全程物流新模式，洛阳片区与四川、云南、陕西、湖北等五省六地自贸试验区实现"跨省通办"。"二十二证合一"改革、建设项目水电气暖现场一次联办模式、一码集成服务、"服务八同步、拿地即开工"、基于工程建设项目风险防控点的联合监管、"多证集成、一照通行"、"六个一"标准化政务服务新模式等，均为在单一环节改革的基础上进一步集成创新的成果，破解了更深层次体制机制障碍，制度创新红利不断扩大。

5. 多平台、多渠道、多主体协同推进制度型开放

河南自贸试验区统筹各类开放平台，协同整合多方力量，用足用好各类资源要素禀赋、功能优势和政策叠加效应，共同推进制度创新。洛阳片区发挥自由贸易试验区、自主创新示范区、高新技术产业开发区叠加优势，聚焦"双自联动"，推动"三区"融合机制，深化"三区"融合发展，共同承担改革任务，形成了较多制度创新成果，实现了"1+1+1>3"的聚合裂变倍增效应，不断为高质量发展注入新动能。郑州片区、开封片区联合谋划建设"郑汴港"自贸港，加强郑州片区、航空港区与开封片区的联动发展，形成高能级开放平台联动的新格局。

三、打造制度型开放的新高地

从多个指标维度看，从成立至今的六年多以来，河南自贸试验区打造制度型开放的新高地成效初显，为服务国家战略和河南经济社会发展做出了重要贡献。

在试点任务方面，截至 2023 年 4 月，《中国（河南）自由贸易试验区总体方案》确定的 160 项改革试点任务，159 项已经实施。在制度创新方面，累计形成 515 项改革创新成果，跨境电商、商品期货、多式联运、政务服务、文化贸易等领域多项改革走在全国前列，15 项创新成果被国家层面采纳推广，99 项创新成果在全省推广。

在入驻企业方面，截至 2022 年底，累计入驻企业 12.3 万家，注册资本总额 1.6 万亿元，分别是设立前的 5.4 倍、6.7 倍。128 家世界 500 强企业在河南自贸

试验区投资布局，开放高地建设成效明显。

在外向型经济方面，2022 年河南自贸试验区实际使用外资 7803.5 万美元，同比增长 33.7%；进出口 624.9 亿元，同比增长 4.7%，占同期全省外贸总值 7.7%[①]。

在枢纽建设方面，着力打造空中、陆上、网上、海上四条丝绸之路，"四路协同"开放通道越来越宽，航空和铁路枢纽地位明显提升，空、陆、网、海融合并进优势进一步显现。2022 年郑州机场货邮吞吐量 624654.08 吨，稳居全国第六。2022 年中欧班列（郑州）共计开行 2050 班，新冠肺炎疫情期间，中欧班列（中豫号）保持常态化往返均衡开行，持续为国际贸易提供坚强运力支撑；累计开行近 7000 班，构建了"8 个口岸出入境、18 条线路直达"的国际物流网络体系和"1+N"境内外物流枢纽体系，网络遍布欧盟和俄罗斯及中亚地区 40 多个国家 140 多个城市。郑州片区交易模式创新和海关监管创新引领全国，跨境电商年交易总量达到 1180 亿元；开通海铁联运班列，已累计开行 600 多班，2022 年全年到发 2.8 万标准箱，比 2021 年增长 1 倍[②]。

在开放平台建设方面，全面推进"双港工程"，航空和铁路口岸开放门户地位明显提升，口岸、海关特殊监管区不断完善，贸易、投资、产业、展会等各类开放平台作用日益凸显，高水平对外开放门户枢纽加速形成。国际空港、国际陆港"双港工程"全面推进，开封、洛阳综合保税区获批，建成了进口水果、冰鲜水产品、食用水生动物、澳洲活牛、肉类、汽车整车指定口岸，以及国际邮件郑州经转口岸、进境粮食口岸等多个功能性口岸，河南成为内陆地区指定口岸数量最多、功能最全的省份。

在搭建国际经贸合作新平台方面，郑州片区推进在共建"一带一路"国家和地区投资开发综合性商贸物流园、产业园、港口等项目，大力构建"海外园区+境外办事处+海外仓"三位一体的海外运营支撑体系，提升海外园区服务功能。开封片区与中央美术学院、上海自贸试验区国际艺术品交易中心、大湾区国际艺术品保税产业中心、重庆艺术品保税仓等单位联合发起中国自贸试验区国际艺术品交易联盟，推动与牛津大学合作成立牛津大学中药研究中心。

当前，河南自贸试验区正大力实施提升战略，开启 2.0 版新征程。下一步将

---

①② 资料来源：笔者自行整理。

在更大范围、更深层次、更宽领域深化改革创新、扩大开放，构建现代产业体系，为实施制度型开放战略探索新路径、积累新经验，加快建设新时代制度型开放高地。

第三节　河南自贸试验区制度型开放与
高标准国际规则的对标分析

国际经贸规则是指各大经济体参与全球贸易中所需要共同遵循的规定和条约。换言之，国际贸易投资规则的载体，就是某个区域乃至全球各国共同协商签订的国际贸易、投资协定。国际经贸规则有广义和狭义之分。广义上，国际经贸规则指的是国家或地区之间开展经贸行为所需要共同遵守的规章制度，就规则层次而言，既包括全球范围内的多边规则，也包括诸边、区域、双边等层次的规则；就制定和实施规则的主体而言，既包括国家行为体，也包括一些非政府组织、行业协会、企业等，因为后者作为国际经贸规则得以实施的微观基础，对国际经贸规则的形成与发展同样产生影响。狭义上，国际经贸规则是通过 GATT 或 WTO、RCEP 等渠道确立起来的多边、诸边和区域性的经贸规则。深入研究以 CPTPP 等为代表的国际高标准经贸规则，可为我国构建开放经济新体制和实施新一轮高水平对外开放提供经验借鉴和创新切入点。

国际上高标准的跨区域协议在很多领域进行了领先型的改革，通过对这些全球性协议的研究，对照中国对外开放的国情，分析其可行性和有效性，取长补短，对我国完善对外开放战略布局、健全对外开放体制机制、实施优先改革领域（如贸易便利化、投资、知识产权、政府采购、劳工、环境、电子商务等）具有重要的借鉴意义。我国自贸试验区一大改革创新来源就是借鉴全球经济治理的经验，对标国际高标准经贸协议规则，实现"后来居上"。自贸试验区设立以来，对标高标准国际规则成效显著。中国只有继续主动以推进政府职能转变、促进投资贸易自由化、推动金融开放创新、创新驱动产业发展等加快对标，加快改革创新，才能实现从国际高标准投资贸易规则的被动接轨者、跟随者转变为参与者、制定者。

CPTPP、DEPA 是当前全球高标准经贸协定，鉴于中国提出申请加入 CPT-PP、DEPA，本部分主要对河南自贸试验区与这两个国际协定进行对标分析。对标方法采用挂牌以来河南自贸试验区三个片区制度创新案例与协定重要条款进行比较。本次比较研究采用三个片区创新案例共计 623 项，包括郑州片区 282 项、开封片区 160 项、洛阳片区 181 项。

一、与 CPTPP 的对标分析

CPTPP 全称为《全面与进步跨太平洋伙伴关系协定》，是由日本、加拿大、澳大利亚、智利、新西兰、新加坡、文莱、马来西亚、越南、墨西哥和秘鲁共 11 个国家签署的自由贸易协定，于 2018 年 12 月 30 日正式生效，覆盖 4.98 亿人口，签署国国内生产总值之和占全球经济总量约 13%。CPTPP 是由 TPP 演变而来，保留了 TPP 的绝大部分条款，承袭了 TPP 的高度开放、高标准国际协定性质，最终协定共包括 30 章，内容不仅覆盖传统的关税减免、贸易便利化措施等要求，还在政府采购、国企和指定垄断、知识产权、劳工、环境等方面设定了更高的标准。其核心章节可分为四类：货物贸易管理、服务和投资开放、横向议题和能力建设。TPP 的主要内容如表 4-1 所示。

表 4-1　TPP 的主要内容

性质		即跨太平洋伙伴关系协定。是一组多边关系的自由贸易协定，旨在促进亚太地区的贸易自由化
成员		美国、日本、澳大利亚、文莱、加拿大、智利、马来西亚、墨西哥、新西兰、秘鲁、新加坡和越南 12 个国家
机制与主要内容	高度开放、高标准	全球已签署的双边和多边经贸协定中，TPP 是标准最高的、领域最广的 （1）高标准：TPP 不再是要求降低关税，而是要实行零关税 （2）宽领域：TPP 所包含的许多内容都是 WTO 很少涉及的。TPP 将国企竞争中性问题、电子商务、环保和劳动标准等新议题纳入其中，是一种超前的规则安排，这类协定主要面向发达国家，大部分发展中国家面临被边缘化的处境
	实现	TPP 是在成员国内部建立一系列贸易（商品与服务贸易）、投资、知识产权、劳工、国有企业、政府采购、金融等一系列协定。而这些协定主要通过成员国的国内立法来实现
	监管	TPP 对成员国的贸易服务自由、货币兑换自由、税制公平、国企私有化、保护劳工权利和知识产权等问题进行统一监管

贸易领域	主要是要求全面市场准入，即消除或削减涉及所有商品和服务贸易的关税壁垒和非关税壁垒，TPP 将对近 18000 种类别的商品降低或减免关税。要求最终取消大约 99% 税目的关税；提高贸易便利化水平，减少出口成本；促进区域内价值链供应链融合。在服务贸易领域，除例外条款外对所有服务部门均给予准入前国民待遇和最惠国待遇
投资领域	TPP 投资章节与美国 2012 年双边投资协定（BIT）范本高度相似，致力于扩大投资自由化和仲裁形式的投资保护。尤其是其中关于"投资""竞争"等相关条款，更是强调投资准入负面清单，极力推行投资自由化
横向议题和能力建设	协议还包括金融服务条款、监管一致性、政府采购中的国民待遇和无差别待遇、保证国有企业与私有企业的公平竞争、保护知识产权、战略性合作，劳工保护、绿色增长等内容和大量的法律条款

资料来源：笔者根据 CPTPP 文本整理。

　　表 4-1 对 TPP 协议的主要内容进行了简单总结。TPP 在开放程度上明确指向国际高标准：在环保、劳工、原产地、知识产权和政府采购等方面包含诸多高标准条款。CPTPP 继承了 TPP 的主要条款，同时设置了较高标准。比如在知识产权领域，CPTPP 规定了"全面、超高标准"的知识产权规则，强化药品、计算机、专利、版权的保护及执法力度。在数字经济领域，CPTPP 在开放网络、网络访问和使用、源代码、个人信息保护、计算设施本地化等方面设置了较高标准。同时，CPTPP 还具有"全覆盖"的特点，具体内容不仅规定取消或降低商品关税，还涵盖投资、竞争政策、技术贸易壁垒、食品安全、知识产权、政府采购及绿色增长和劳工保护等；不仅涉及传统的国际贸易领域市场准入相关问题，还将当前国际贸易与经济一体化中出现的阻碍贸易自由化、违背非歧视原则的国内管制问题纳入其中，覆盖领域之广远超一般的自由贸易协议。其中许多的举措已经被我国自贸试验区所借鉴，例如其中的外商投资准入负面清单"货物监管与海关便利化"等相关措施已经在国内逐渐实验并加以复制推广，成为我国进一步对外开放的新动力。对 CPTPP 等国际高标准协议的进一步深入研究，还能为我国自贸试验区乃至自由贸易港建设提供很多的制度经验借鉴。对标国际贸易投资协议标准，为我国进一步扩大开放提供了可复制、可推广的经验和机制，尤其是在寻求建立适合中国服务业开放和外商投资准入负面清单、政府行政职能和资本项目可兑换方面，要形成与国际规则接轨的新型监管体制和政策，是我们对外开

放水准对标世界的重点内容。

2021 年 9 月 16 日，中国正式提出申请加入 CPTPP。2022 年 4 月，中共河南省委、省政府出台了《关于推进中国（河南）自贸试验区深化改革创新打造新时代制度型开放高地的意见》，提出加快自贸区与 RCEP、CPTPP 等国际经贸规则相衔接的步伐，打造河南自贸试验区 2.0 版，为自贸试验区进一步推进制度型开放列出时间表、任务书和路线图。

CPTPP 作为高标准自由贸易协定，共有 30 章的内容，涵盖贸易自由、投资自由、资金自由、人才自由和数据自由等，货物贸易与服务贸易并重，注重从边境开放到"边境后"开放的深度开放。河南自贸试验区与 CPTPP 的对标情况如表 4-2 所示。

CPTPP 第 1~10 章涵盖了传统经贸领域规则的核心部分，涉及贸易与投资自由化、便利化，货物运输便利化等内容，强调货物贸易与服务贸易并重的原则。整体来看，在地方事权领域，河南自贸试验区在传统经贸方面与 CPTPP 的要求已经基本持平。尤其是在海关管理和贸易便利化方面，河南自贸试验区围绕通关便利化大力提高"单一窗口"建设水平，推动海关合作，大幅度提高了货物通关效率，基本达到了 CPTPP 的高标准要求。在投资规则上，大幅度缩减投资准入负面清单，围绕跨境结算做出多项政策创新，基本达到了 CPTPP 的要求；跨境服务贸易是未来自贸试验区改革开放的重点，目前河南自贸试验区基本达标，但在国家相关政策的引导下服务贸易开放存在进一步提升的空间。在技术贸易壁垒上，河南自贸试验区与 CPTPP 的要求还有一定差距，针对合格评定的政策创新部分符合 CPTPP 要求，但是在透明度、合作和贸易便利化上基本处于空白状态。

CPTPP 文本中间部分即第 11~14 章，分别为金融服务、商务人员临时入境、电信和电子商务，是以往自由贸易协定谈判中涉及较少的新兴领域。这一变化也反映了 CPTPP 充分考虑并适应全球价值链发展的要求。就金融领域而言，涉及金融服务的市场准入和新金融服务条款，河南自贸试验区在市场准入要求上部分达到标准，对新金融服务的创新也走在了改革的前列，在郑州片区和洛阳片区推出了多项前瞻性金融创新；在商务人员临时入境上，河南自贸试验区针对入境范围和条件做出了多项政策创新，基本达到了 CPTPP 的高标准要求；在电子商务领

表 4-2　河南自贸试验区与 CPTPP 对标分析

模块	议题	对标情况			依据	相关案例
		已对标	部分对标	未对标		
货物的国民待遇和市场准入	1. 关税取消 第 2.4 条规定，各国应逐步取消关税和贸易，最终实现零关税的税目数接近 100%，且立即实现零关税占比 85% 以上，排除在零关税之外的高度敏感产品极少		√		关税水平存在差距。我国最惠国待遇中零关税税目的比重超过 8.42%，与 CPTPP 差距较大；同时，立即实施零关税差异较大，尤其是工业品的降税压力大。我国参与的 RCEP 在关税上有一定突破，但相较 CPTPP 仍有提升空间	我国参与的 RCEP 确定最终实现货物贸易零关税产品整体上超过 90%，最迟 10 年内关税需降至零。RCEP 规定使用全部非原产国货物不得超过该货值的 15% 的标准，使用全部非原产国原材料价值或重量不得超过该货值或重量的 10%，较 CPTPP 规定宽松
	2. 出口许可程序的透明度 第 2.13 条认为各国应建立、公开其进出口相关信息的刊物和网站	√			RCEP 同样要求公开进出口信息，目前河南自贸试验区建立了完善的信息综合服务平台	RCEP 未明确指定关于出口许可程序透明度的条款，但在第 2.19 条"进口许可程序"中涉及相关内容。郑州片区：河南国际贸易"单一窗口"大数据平台项目、"一带一路"物流综合服务平台、数据中心创新服务模式，郑州海关"E 窗办理"平台。开封片区：单一窗口、自贸通政策智慧平台。洛阳片区：单一窗口、探索实施临时进口压力容器实施"验证管理"、检验监管新模式
	3. 管理费用和手续 第 2.14 条规定应按照 GAAT 标准对进出口产品征收费用，不得以对国内货物的保护或获利为目的征收国内税	√			RECP 同样规定应规范征收进出口产品费用	RCEP 第 2.20 条指出应根据 GATT 标准征收进出口产品费用，且不得以对国内货物的保护或获利为目的征收国内税

续表

模块	议题	对标情况			依据	相关案例
		已对标	部分对标	未对标		
货物贸易和国民待遇和市场准入	4. 农业出口补贴 第2.21条规定各国之间不应维持任何的农业补贴	√			根据《中华人民共和国加入WTO议定书》第12条，我国不得对农产品维持或采取任何出口补贴	《中华人民共和国加入WTO议定书》第12条规定，我国不得对农产品维持或采取任何出口补贴；RCEP第2.13条出口各国应取消对农业产品的出口补贴
	5. 农业保障措施 第2.26条规定，特殊保障措施实施的任何关税配额对源自任何缔约方的农产品适用			√	RCEP未涵盖农产品特殊保障措施相关内容有明确规定	
	6. 关税配额管理 第2章D节对关税配额的分配、配额机制的返还和重新分配、分配方式和重做出严格规定，目前只有日本、加拿大、墨西哥和秘鲁四个国家保留了少量关税配额（主要针对农产品）		√		我国保留了一定的关税配额，且在配额分配中偏向国有企业和中央企业，例如进口小麦90%以上的配额给了中粮集团	我国现有关税配额产品有八类，包括小麦、玉米、稻谷和大米、糖、棉花、化肥。我国关税配额管理的大概做法是：根据我国加入WTO的承诺，确定每年的关税配额总量和配额方式。根据不同的商品和用户，分为国家储备、加工贸易、国内加工和一般贸易等类别。通过申请、审核、公示、分配等程序，向符合条件的企业发放关税配额证书。关税配额证书持有企业或个人在进口时，凭证书享受相应的关税优惠
原产地规则和原产地程序	7. 原产货物完全获得或生产的货物 第3.2条和第3.3条指出在一国或多国领土内获得或生产的货物应视为原产货物	√			RCEP同样涉及原产货物相关内容，且河南自贸试验区进行了相关政策创新	RCEP第3.2条和第3.3条同样要求在一国或多国领土内获得或生产的货物视为原产货物。郑州片区：原产地证书"信用签证"监管服务新模式

续表

模块	议题	对标情况			依据	相关案例
		已对标	部分对标	未对标		
	8. 累计原则	第3.10条指出来自各缔约国的原材料应得到同等待遇，这有利于提高协定优惠关税的利用率	√			RCEP同样采用了累计原则	RCEP同样采用了区域累计原则，使得产品原产地价值成分可在15个成员方国构成的区域内进行积累，来自RCEP任何一方的价值成分都会被考虑在内，显著提高了协定优惠税率的利用率
原产地规则和原产地程序	9. 本地化	第3.11条指出使用全部非原产国货物不得超过该套货值的10%的标准，使用全部非原产国原材料价值或重量不得超过该货值或重量的10%		√	RCEP标准较CPTPP略为宽松	RCEP相应的规定分别为15%和10%，较CPTPP规定宽松
	10. 原产地证书	第3.20条指出各国的原产地证书面格式应包括电子格式		√	河南自贸试验区出台多项政策创新，致力于服务原产地证书电子化	郑州片区：原产地证书"信用签证"监管服务新模式。开封片区：原产地企业备案无纸化办理，原产地证书"零跑墙"。洛阳片区：原产地证书"信用签证"管理模式
纺织品和服装	11. 原产地规则和相关事项	第4章专门对纺织品和服装给予规范，取消绝大部分纺织品服装的关税，提出促进区域内供应链和投资融合，以允许成员国在短缺内产地规则方面的灵活性，其宗旨是保护区域内发达国家的纺织服装业，充分发挥该行业对区域内国家经济增长的贡献		√	CPTPP对纺织品实行"从纱线算起"的全产业链原则，为严格的原产地规则筑起了一道区域保护主义高墙	RCEP没有将纺织服装独立成章，更没有为纺织品服装制定严格的原产地规则。主要原因在于，纺织服装是RCEP发展中成员国的优势产业，且主要以出口导向为主，没有必要进行保护。郑州片区：进口服装分拨中心监管模式创新

续表

模块	议题	对标情况			依据	相关案例
		已对标	部分对标	未对标		
海关管理和贸易便利化	12. 海关合作 第5.2条指出各国之间的海关应该就货物贸易和重要海关事务开展合作	√			各国之间已有世界海关组织协助各成员国在海关事务方面进行沟通和协作	郑州片区：创新航空货运"运贸一体化"国际班列运行模式，建立货运联盟，郑州—汉堡"双枢纽"模式，探索跨境电商"发展模式，铁海联运建设打造内陆无水港，内陆启运港—郑州港建设助推海上丝绸之路发展，郑州海关"E窗办理"，邮政口岸"三关合一"监管模式。国际行邮物品通关物流一体化协作新模式。 开封片区：内陆地区货物出海监管信息化。 洛阳片区：铁路内陆港货物直达海外、直通海港的"货运一票制"模式。
	13. 自动化 第5.6条指出各国应加强软件设施建设，使进出口商能够通过电子化的单一窗口办理业务，提高通关效率	√			河南自贸试验区大力提高"单一窗口"建设水平，基本实现全程电子化办理	郑州片区：郑州机场航空电子货运试点，多式联运"一票式"服务模式，空陆联运装载装备标准化，河南国际贸易"单一窗口"大数据平台项目，河南"单一窗口"助推郑州口岸发展，郑州机场多式联运数据交易服务平台，郑州海关"E窗办理"，邮政口岸"三关合一"监管模式，海关特殊监管场所多式联运"三关合一"监管模式，国际多式联运"一单制"，外贸电商综合监管中心创新模式。 洛阳片区：创新生物制品"秒通关"，跨境电商市场采购领域智慧监管模式。 开封片区：研发采用生物制品"互联网+海关"单点登录全网通办

续表

模块	议题	对标情况			依据	相关案例
		已对标	部分对标	未对标		
海关管理和贸易便利化	14. 快运和货物放行	CPTPP要求各成员国提高通关效率，简化海关程序，加强海关合作。第5.7条、第5.10条指出各国应针对货物采用现或设立快速通关程序，加快通行效率	✓			截至2022年12月，全国进口、出口整体通关时间分别为32.02小时和1.03小时；河南海关着力提升口岸建设和通关效率，郑州获批全国重要国际邮件枢纽口岸、洛阳综合保税区封关运营，郑州药品进口口岸新增中药材进口功能	郑州片区：探索快递"上车、上飞机"模式，建立中欧班列出口双向集散通道，邮政口岸"三关合一"监管信息化、建立航空货运联盟，郑州商品通关"双核堡"发展模式、国际物流运输贸易一体化。洛阳片区：研发用进口生物品"秒通关"模式、铁路内陆港直达海外，直通海港的物流公司中亚班列"货运一票制"模式。开封片区：构建进出口海关多维评价体系，内陆地区货物出海物流一体化
技术性贸易壁垒	15. 合格评定	第8.6条鼓励使用国际公认的TBT标准，并要求缔约方在制定或修改技术法规和合格评定程序时，遵循透明度、非歧视性、公平性等原则。CPTPP协定还设立了合格评定委员会，负责监督、审查和协调缔约方的活动		✓		CPTPP协定鼓励使用国际公认的TBT标准，并要求缔约方在制定或修改技术法规和合格评定程序时，遵循透明度、非歧视性、公平性一般原则。RCEP协定要求在等情况下，各成员国应当保证中央政府机构使用相关国际标准或其相关部分，作为其合格评定程序的基础。CPTPP协定还设立了合格评定委员会，负责监督、审查和协调缔约方在合格评定领域专门设立的合格评定机构，而非由标准、技术法规和合格评定程序由专门委员会负责处理相关事宜	中国市场监管总局采取了一系列措施推动市场监管规则与国际经贸规则相衔接，在《关于高质量实施〈区域全面经济伙伴关系协定〉(RCEP)的指导意见》中特别明确提出要推动标准协调和合格评定结果互认合作，积极利用RCEP协定的合格评定结果互认机制开展合作。洛阳片区：采信第三方认证结果实现出口食品生产企业备案模式创新

续表

模块	议题	对标情况			依据	相关案例
		已对标	部分对标	未对标		
技术性贸易壁垒	16. 透明度 第8.7条指出各国应允许其他国家的国民参与本国相关法律法规则制定,并使用电子工具,公众宣传以等方式加强法规制定中的透明度			√	河南自贸区尚未有类似政策推出	
	17. 合作和贸易便利化 第8.9条指出各国认可他国评定机构的相应资质,广泛接受外国评定机构的合格评定结果			√	河南自贸区尚未有类似政策推出	
投资	18. 市场准入 第9章规定,在投资方面全面采取"准入前国民待遇+负面清单"模式,要求成员国除限制或禁止开放的领域外,应当以一般自由化措施予以全方位开放。CPTPP缔约国负面清单,以日本为例,其内容差异较大,涉及金融、文化、航空等34项主要领域均存在投资限制		√		2021年版《外商投资准入特别管理措施(负面清单)》列出了31项不符措施。但中国的负面清单仅适用于非服务业领域的投资,而服务业领域的投资仍采用正面清单方式。CPTPP缔约国的负面清单则适用于所有类型的服务贸易和投资	河南自贸试验区已实行市场准入负面清单,但其开放水平较CPTPP低。 郑州片区:银行业分支机构简化入。 开封片区:设立河南省首家中外合资演出经纪机构,商事制度改革放宽经营范围限制,许可即入制,许可默认备案制,告知承诺制。 洛阳片区:取消生物制品类兽药经营审批、生物制品类兽药与非制品类兽药经营许可"两证合一"改革,"七减四优化"兽用药品制生产许可审批流程
	19. 资金转移 第9.9条规定每一缔约方应允许与投资相关的所有资金转移可自由进出其领土且无迟延		√		河南自贸试验区在跨境结算方面已做出多项政策创新,极大降低了企业的汇兑压力,但因我国宏观外汇政策影响,距离CPTPP要求仍有一定差距	郑州片区:优质企业跨境人民币结算便利化,搭建跨境双向人民币资金池,跨境资金"全球智汇"金池

续表

模块	议题		对标情况			依据	相关案例
			已对标	部分对标	未对标		
投资	20. 业绩要求	第9.10条指出各国对于其他国在其领土内的投资不得附带任何额外要求，例如出口水平、当地含量比例、购买本地货物等要求	√			国家政策已取消了业绩要求	河南自贸试验区执行国家政策，不存在业绩要求问题
	21. 高级管理人员和董事会	第9.11条指出各国不得要求外资企业认定特定国籍人士担任高管职务		√		中国对外资企业高管人员不再进行国籍限制	郑州片区：银行业高管任职备案制改革
	22. 争端解决	投资章B节就投资者与东道国争端解决机制进行了详细规定，包括磋商与谈判，提交仲裁请求，每一缔约方对仲裁员同意及其条件和限制的进行，仲裁程序的选择、仲裁的透明度、准据法、专家报告、合并审理、裁决、文件送达等共13个条款		√		争端解决机制面临挑战——投资者—国家争端解决改革是国际投资规则的焦点，近年来，争端解决的关注领域已扩展到包括人权、环境、法治、知识产权等公共政策领域，要求我国在法律修订和执行层面加快政策改革，河南自贸试验区高度重视争端解决政策创新	郑州片区：建立诉讼与仲裁相衔接的矛盾纠纷解决机制，中国（河南）自由贸易区郑州片区国际商事纠纷多元化解决中心工作机制，知识产权保护行政与司法衔接机制；打造一站式国际商事诉讼调解仲裁中心；建立国际商事仲裁院。洛阳片区：民事诉讼程序繁简分流试点，创办华夏政企通咨询服务中心
跨境服务贸易	23. 非歧视待遇	第10.3条和第10.4条要求各国之间对货物都应享受国民待遇和最惠国待遇		√		RCEP国民待遇、最惠国待遇等现代和综合性的规定及其他本地承诺，受到缔约方的具体承诺表及附加承诺的约束	RCEP第8.4条和第8.6条同样要求各国应给予对方国民待遇和最惠国待遇
	24. 市场准入	第10.5条指出任何缔约方不得在其某一地区或在其全部领土、某一地区内采取或维持数量配额，垄断、专营、限制服务提供者等限制手段		√		CPTPP的高标准主要采用不负面清单制，而非正面清单；RCEP的混合清单，设置棘轮机制使缔约方开放度"只进不退"	RCEP第8章服务贸易旨在通过削减影响各国跨境服务贸易的限制性、歧视性措施，为缔约国进一步扩大服务贸易创造条件。而中国、新西兰、越南、菲律宾等八国采用正面清单方式承诺，并将在协定生效后6年内转化为负面清单

续表

模块	议题	对标情况			依据	相关案例
		已对标	部分对标	未对标		
跨境服务贸易	25. 当地存在要求 第10.6条指出禁止当地存在要求		√		我国已出台《海南自由贸易港跨境服务贸易特别管理措施（负面清单）（2021年版）》，凡是在负面清单之外的领域，海南自由贸易港对服务提供者在跨境服务贸易方面一视同仁、平等准入。但河南自贸试验区尚未出台相关文件	《海南自由贸易港跨境服务贸易特别管理措施（负面清单）（2021年版）》列出了11个门类70项特别管理措施。负面清单针对境外服务提供者一列出了国民待遇，市场准入，当地准入，金融服务跨境方式提供服务（通过跨境支付、境外消费、自然人移动模式）的特别管理措施，适用于海南自由贸易港、地域范围为海南全岛
	26. 金融机构的市场准入 第11.5条指出任何缔约方不得对另一缔约方的金融机构或寻求设立这些机构的投资者在其土地或其全部领域采取其维持数量配额、经济需求测试、通过特定类型法律实体或合营企业提供服务等方面的措施		√		近年来我国已颁布文件取消了部分准入限制，特别是海南大幅度减少了金融服务的准入限制，但除海南外其余地区金融服务仍采用正面清单	我国陆续颁布了《中华人民共和国外资保险公司管理条例》《中华人民共和国外资银行管理条例》《关于推动公司信用类债券市场改革开放高质量发展的指导意见》《海南自由贸易港跨境服务贸易特别管理措施》等政策文件。郑州片区：银行业分支机构简化准入，经营性租赁收取外币租金保税租赁等
金融服务	27. 新金融服务 第11章指出各国国内应允许缔约方国内提供类似的新金融服务，而无须采用新法律或改修改现行法律		√		与CPTPP比较，中国存在外资金融机构经营范围受限，资本账户开放不足，对金融跨境支付和流动存在限制。RCEP未明确此项内容，但河南自贸试验区进行了相应的前瞻性政策创新	郑州片区：优质企业跨境人民币结算便利化，"保险+期货"公司开展融资模式，PTA 期货引入境外交易者，搭建跨境双向资金池，支旅企业知识产权质押融资新模式。洛阳片区：创设虚拟子账号破解外综服洛阳片区，集中收汇难题，商岸金融深度融合发展破解难题，构建科技金融新机制，知识产权质押融资创新案例，普惠金融模式解决中小企业融资难"信贷+信用"。优化金融营商环境，促进金融集聚发展

续表

模块	议题	已对标	部分对标	未对标	依据	相关案例
电信	28. 公共电信服务供应商的义务 第13.5条明确了缔约方在互联互通、号码携带和获得号码等方面的义务，并就主要运营商给予公共电信服务的待遇进行了规定			✓	《中华人民共和国电信条例》已经指出了公共电信服务供应商应的义务。增值电信业务外资股比不超过50%，基础电信业务须由中方进行控股。河南自贸试验区尚未进行相应的政策创新	《中华人民共和国电信条例》中指出了公共电信服务上的义务
	29. 与主要供应商的互联互通 第13.11条规定了一般条款，与主要运营商互联互通的选择以及互联互通报价的公开并提供等			✓	河南自贸试验区尚未进行相应的政策创新	
商务人员临时入境	30. 自然人流动 第12.2条概括了商务人员临时入境的大致范围	✓			河南自贸试验区针对商务人员入境进行了诸多政策创新，已经达到了CPTPP的高标准要求	郑州片区：设立外国人服务"单一窗口"，出台《外籍人才来郑工作便利措施服务指南》，创新出入境六项便利政策助力涉外企业（高校）复工复产。开封片区：外国人出入境便利和临时停留等。洛阳片区：创新出入境业务窗口，外籍人才来洛创业创新机制；外国人在华居留、外籍留学者可以停留3个月
	31. 准许临时入境 第12.4条规定了缔约方所列每一类商务人员入境和临时停留的条件和限制，包括停留时间长度。缔约方承诺商务访客停留长达六个月，并可延续。公司内部调动的高级管理技术专家可以在加拿大、澳大利亚、文莱、智利、墨西哥、新西兰或秘鲁停留长达3年，并可延长等		✓		我国出台多方面举措便利化商务人员入境，但在临时入境方面仍略有不足	国务院印发了《关于在有条件的自由贸易试验区和自由贸易港试点对接国际高标准推进制度型开放的若干措施》，将外资公司相关管理人员的入境停留期限放宽至2年，且允许随行配偶和家属享有与其相同的入境和临时停留期限。我国在RCEP附件4中承诺：商务访客的高级管理人员和专家首次最多可停留3年，家属可以停留1年；合同服务提供者可以停留1年；安装和服务人员最多停留3个月

续表

模块	议题	对标情况			依据	相关案例
		已对标	部分对标	未对标		
	32. 海关关税	第14.3条禁止对缔约方之间的电子传输（包括电子传输的内容）征收关税。同时允许以符合CPTPP协定的方式对其征收国内税费	√			WTO《关于〈电子商务工作计划〉的部长决定》明确，临时免征电子传输的关税	
电子商务	33. 数字产品的非歧视待遇	第14.4条要求缔约方给予其他缔约方的数字产品非歧视待遇，但不适用于政府对数字产品和服务的补贴以及广播	√			WTO《服务贸易总协定》规定参与国应享有最惠国待遇和国民待遇等非歧视性待遇	
	34. 电子签名和电子认证	第14.6条第1款要求缔约方不得拒绝认可电子签名的法律效力，第14.6条第2款要求缔约方不得禁止电子交易的当事方确定适当的认证方法	√			《中华人民共和国电子签名法》明确了电子签名的法律效力。河南自贸试验区出台多项信用监管措施，大范围推广了电子签名和电子认证	《中华人民共和国电子签名法》是我国专门规范电子签名行为的法律，制定了合法电子签名标准，并明确了可靠的电子签名与手写签名或者盖章具有同等的法律效力 郑州片区：原产地证书"信用签证"监管服务新模式、跨境电商企业资质核验管理、国际空港海关ATA单证册便利化审批、跨境电商市场领域智慧监管新模式。 洛阳片区：原产地证书"信用签证"监管服务新模式。 开封片区：国家出入境检验检疫窗口实现出口货物原产地备案无纸化，河南地区电子口岸企业入网联审"一站式服务"新模式

续表

模块	议题	对标情况			依据	相关案例
		已对标	部分对标	未对标		
	35. 个人信息保护	第14.8条要求缔约方采取或维持保护电子商务用户个人信息的法律框架，具体的法律涵盖个人、特定部门或企业承诺等。	√			2021年8月，我国已出台《中华人民共和国个人信息保护法》	
电子商务	36. 无纸贸易	第14.9条要求贸易管理文件电子化，且电子文件与纸质单证具有同等法律效力	√			河南自贸试验区已经实现国际贸易中多数交易流程的无纸化操作，且电子文件与纸质单证具有同等法律效力	郑州片区：海关特殊监管场所多模式综合监管、"一带一路"物流综合服务平台、国际行邮物品通关信息化、涉外商事服务"E窗办理"、跨境电商市场领域例、郑州海关"智慧监管新模式。洛阳片区：出口退税无纸化申报、全申报创新监管模式、园区"一站式""秒通关"模式。开封片区：国家出入境检验检疫窗口实现出口货物原产地企业备案无纸化、"互联网+海关""一单点登录、河南地区电子口岸企业入网联审、单式服务"新模式

续表

模块	议题	对标情况			依据	相关案例
		已对标	部分对标	未对标		
电子商务	37. 通过电子方式跨境传输信息	第14.11条要求缔约方允许涵盖的人为了从事经营而通过电子方式跨境传输信息，包括个人信息	√		2016年公布的《中华人民共和国网络安全法》，形成了"本地储存，出境评估"制度。2017年发布的《个人信息和重要数据出境安全评估办法（征求意见稿）》细化了跨境数据流动安全评估操作流程。2020年公布的《中华人民共和国数据安全法（草案）》更加强调了参与国际相关规则的制定，以及与其他国家或地区的衔接。2021年公布的《数据出境安全评估办法（征求意见稿）》，则为我国跨境数据流通提供了重要的配套落地规则。但我国尚未形成全面的数据跨境流动管理制度，相关的法律技术保障体系也存在短板，仍存在数据出境难的问题	河南自贸试验区局限于落实国家政策，在跨境信息流动方面没有重大突破
	38. 计算设施的位置	第14.13条禁止缔约方使用或者将该缔约方领土内涵盖的计算设施的计算设置于该缔约方领土之内，作为在该缔约方领土中从事经营的条件		√	《中华人民共和国个人信息保护法》强调，个人信息的存储地点应当以境内存储为原则。《中华人民共和国网络安全法》指出，应境内基础设施的运营者在中华人民共和国境内运营中收集和产生的个人信息和重要数据，应在境内存储。我国法律法规中对计算机设置方面对境内存储的严格要求，与CPTPP禁止数据本地化的立场存在一定差异	在禁止数据本地化方面，国家层面和自贸区层面均需做出突破。河南自贸试验区需要开展这方面的先行先试

续表

模块	议题	对标情况			依据	相关案例
		已对标	部分对标	未对标		
政府采购	39. 政府采购范围 第15.2条规定，政府采购通过任何合同的方式进行的政府采购，具体形式一是购买；二是出租或租赁，扩大了政府采购权力，扩大了政府采购的范围		√		相比较而言，CPTPP则对政府采购进行了宽泛的定义，纳入了BOT和公共工程特许权合同等，明显超出《中华人民共和国政府采购法》的规定	根据《中华人民共和国政府采购法》，政府采购是指以合同方式有偿取得货物、工程和服务的行为，包括购买、租赁、委托、雇用等
	40. 国民待遇与非歧视 第15.4条指出，各缔约国在承诺开放的政府采购领域，除遵守国民待遇和最惠国待遇外，还需要对设立在本缔约国的实体提供非歧视待遇，主要可分为股权非歧视待遇和来源非歧视待遇两类。股权非歧视待遇是指对于本国内设立的实体，不能因为其外资比例的高低而给予歧视性待遇；来源非歧视待遇是指设立的实体，政府采购不能因其产品或服务来自境外的多少而给予以歧视性待遇		√		根据《中华人民共和国政府采购法》，政府采购是指以合同方式有偿取得货物、工程和服务的行为，包括购买、租赁、委托、雇用等。河南自贸试验区在政府采购方面给予国民待遇与非歧视进行了有益尝试	《中华人民共和国政府采购法》第十条规定了政府采购中本国属性的要求，应当采购本国货物、工程和服务的过程中，同时由于对于本国项目有关同时由于对于本国项目属性的界定，迄今为止国务院都没有发布有关规定执行。对本国货物、工程和服务进行界定。 郑州片区：完善政府向社会组织和专业机构购买服务制度和标准
	41. 采购方式与时限 第15章要求缔约国将公开招标作为首选，其次要求缔约国从公布招标信息通知到接受投标应不少于40天，且授予合同应立即发布公告。此外，CPTPP还鼓励招标文件使用英文		√		河南自贸试验区在政府采购方式时限方面做出了一些有益尝试，但没有达到从公布招投标通知到接受投标应不少于40天的要求	《中华人民共和国招标投标法》第二十四条规定，招标人应当确定投标人编制投标文件所需要的合理时间；但是，依法必须进行招标的项目，自招标文件开始发出之日至投标人提交投标文件截止之日止，最短不得少于二十日。 郑州片区：完善政府向社会组织和专业机构购买服务制度和标准

续表

模块	议题	对标情况			依据	相关案例
		已对标	部分对标	未对标		
政府采购	第15.8条指出政府采购实体可以对参与采购活动供应商设置条件，但条件的范围应限定在于为履行该政府采购所需的法律资格和技术条件、商务条件和资金能力。不得对供应商的规模、所有权形式、业务范围或者国籍进行歧视或者限制；不得要求供应商在其领土上设立分支机构或者代表处，或者在其领土上注册；不得要求供应商提供不必要的信息或者文件，或者要求供应商提供与采购项目无关的信息或者文件；不得要求供应商超过两个同类业务合同有合理理由，除非供应商提供与采购项目无关的履约能力证明，或者将履约能力作为评审因素；不得要求供应商提供特定的专利、商标、技术路线等，除非没有其他足以描述采购标的的方案，并且允许等同或者相似的解决方案 42.供应商参与条件		√		我国政府采购相关法规未对供应商的规模、所有权形式、业务范围或者国籍等条件做出详细界定。河南自贸试验区也未出台相关政策	根据《政府采购需求管理办法》，供应商的资格条件与采购标的的功能、质量和供应商履约能力直接相关，且属于履行合同必需的条件，包括特定的专业资格、技术资格、设备设施、业绩情况、专业人才及其管理能力等。 根据《政府采购货物和服务招标投标管理办法》，供应商与政府采购的招标投标活动，应当符合招标文件中规定的资格条件，并按照招标文件的要求提交投标文件。 根据《中华人民共和国政府采购法实施条例》，供应商与政府采购还应当遵守国家制定的政府采购政策，包括节约能源、保护环境、扶持不发达地区和少数民族地区、促进中小企业发展等目标

续表

模块	议题	对标情况			依据	相关案例
		已对标	部分对标	未对标		
	43. 私人诉权 第16.3条认为私人诉权是对国内竞争法公共执法的重要补充，是保障公平市场竞争的重要手段。私人诉权既包括向主管部门申请立案的权利，也包括在主管部门的裁决作出后向法院或其他独立审判庭寻求救济的权利	√			河南充分发挥法律对于自贸试验区改革的保驾护航作用，多方面提供法律服务	郑州片区：建立诉讼与仲裁相衔接的矛盾纠纷解决机制，中国（河南）自由贸易试验区郑州片区国际商事纠纷仲裁中心、"郑仲云"网络仲裁平台，打造一站式国际商事服务整合创新案例，建立国际商事纠纷、涉外商事服务整合创新案例，建立国际商事纠纷仲裁院。洛阳片区：递进式商事纠纷多元化解模式，全力推进法治化营商环境建设、解决民商事纠纷
竞争政策	44. 消费者保护 第16.6条认为消费者保护政策及其实施对竞争政策有重要影响。它要求缔约方国内法必须规制制欺诈和欺骗性商业活动	√			我国已形成完善的消费者保护司法体系	我国已制定中华人民共和国消费者权益保护法，关于为促进消费服务提供司法服务和保障的意见等相关法律法规
	45. 透明度 第16.7条认为竞争与实施政策应尽可能透明，强调"APEC竞争与政策数据库"的重要性并要求缔约方维持和更新数据库中的信息，规定各国须公开国内竞争法的实施政策与实践			√	在竞争政策透明度方面我国与CPTPP尚有一定差距	河南自贸试验区尚未开展这方面的制度创新

续表

模块	议题	对标情况			依据	相关案例
		已对标	部分对标	未对标		
国有企业和指定垄断	46. 非歧视待遇和商业考虑 第17.4条要求各国在承诺开放的政府采购领域，除遵守国民待遇和最惠国待遇外，还需对设立在本缔约国的实体提供非歧视待遇		√		河南自贸试验区逐步建立了较为规范的政府采购管理制度，但在具体的非歧视待遇标准上，仍与CPTPP有一定差距。在重大工程和科研项目招标、政府采购等方面，国有企业享有特殊待遇和优先权，外资企业难以参与公平竞争	郑州片区：完善政府向社会组织和专业机构购买服务制度和标准
	47. 非商业援助 第17.6条要求各国不得向国有企业提供非商业援助			√	我国在非商业援助上与CPTPP存在较大差距，存在国有企业享受政府的隐性或显性优惠政策、接受政府各类补贴类问题	河南自贸试验区尚未推出相关改革案例
知识产权	48. 商标 第18章C节扩大了可获商标权保护之客体的范围，注重各个商标保护制度之间的协调性，强调了对驰名商标的保护		√		河南自贸试验区在商标方面保护范围上较CPTPP略小，立法和执法规则需进一步明确	我国在2013年修订《中华人民共和国商标法》（以下简称《商标法》）时，第8条已经删除了原商标定义中的可视性限定，并明确允许将声音注册为商标，但尚未将气味纳入；《商标法》条文尚有短板，在今后的商标与地理标志保护中可能存在冲突；《商标法》对未注册的商标保护与司法衔接机制。 郑州片区：知识产权保护"三合一"服务模式，探索创意产业全链条保护机制，建立知识产权保护行政与司法衔接机制。 洛阳片区：探索专利、商标、版权"三合一"改革

续表

模块	议题	对标情况			依据	相关案例
		已对标	部分对标	未对标		
知识产权	49. 专利 第18章 F 节增强了农用化学品、药品和生物制剂等部分行业的专利保护		√		我国专利领域的大多数规定已符合CPTPP要求，但如何在《中华人民共和国专利法》的实施过程中明确和准确把握具体的标准和规则尚未明确，例如新药的概念及范围界定，可获专利权保护的专利类型，专利权期限补偿请求的提出程序，补偿期限具体计算依据等。河南自贸试验区在法规规定的覆盖面和具体标准、规则上与CPTPP仍有差距	郑州片区：外观设计专利快速授权、知识产权快速维权新模式、知识产权保护行政与司法衔接机制，建立"三合一"服务模式。洛阳片区：探索专利、商标、版权"三合一"改革、重点产业专利导航制度
	50. 著作权 第18章 H 节明确了复制权的控制范围包括以电子方式进行的复制，扩大了向公众传播权的适用范围，扩张了表演者和录音制品制作者的权利，采纳了有弹性的合理使用适用规则，这些均提高了著作权利相关权利及保护的标准	√			由于CPTPP的著作权及相关权利一节中关于技术保护措施、权利管理信息等的第18.68~69条因高标准的刑事责任规定而整体暂缓实施，这方《中华人民共和国著作权法》面的相关规则领先于CPTPP	《中华人民共和国著作权法》于2020年11月修正后已符合CPTPP要求，例如将复制权的定义扩张为包括数字化形式的复制行为，进一步明晰广播权和信息网络传播两类向公众传播权的概念，增加录音录像制品付费的法定许可制度，对著作权限制与例外采取"一般原则+具体情形列举"的规范模式等。郑州知识产权保护行政与司法衔接机制，建立知识产权保护行政与司法衔接机制

续表

模块	议题	对标情况			依据	相关案例
		已对标	部分对标	未对标		
劳工政策	51. 劳工权利 第19.1条、第19.3条明确各国遵守国际劳工组织关于劳工权利的核心要求，不允许为促进投资和贸易而放宽国内法的劳动标准（不损贬原则），建立相关的争端解决裁判机制；承诺增加劳动条件、优化善劳工条件，并首次提出将其转化为各缔约方国内法的要求		✓		河南自贸试验区通过仲裁平台改善了劳工权益，但与CPTPP要求仍有较大差距，主要表现在自由结社和集体谈判权方面	郑州片区：劳动能力网络远程鉴定新模式，"郑仲云"网络仲裁平台
	52. 惩罚机制 第19.6条等明确各国应限制强迫或强制劳动生产的产品，货物进口，允许将劳工纠纷诉诸争端解决机制，并通过违反协议义务将实施赔偿、终止优惠待遇、货币评估等制裁措施以保证协议的强约束力			✓		河南自贸试验区尚未出台相关惩罚机制
环境规则	53. 公众参与 第20.7~20.11条规定了公众参与的制度和相关程序事项，为个人和其他缔约方就环境保护问题提出申诉设计了渠道，并解释了公民对环境保护中公开交流过程的框架性规定	✓			我国已出台类似法规	我国于2015年颁布了《环境保护法》，目的是畅通参与渠道，促进环境保护有序发展。参与是依法有序发展。河南自贸试验区落实国家相关规定，但缺乏公众参与的制度创新

模块	议题	对标情况			依据	相关案例
		已对标	部分对标	未对标		
环境规则	54. 措施执行 第20章将环境管理与国际义务以及贸易及争端解决机制挂钩，以此强化环境政策及多边环境协定的执行程度			√	我国尚未涉及此类约束性较强的多边环境政策政策执行机制	RCEP虽然也涉及环境问题，但未对执行机制专门进行规范。郑州片区：探索实行环评告知承诺。开封片区：探索政府+龙头企业产业链绿色考核新模式节能评价——环境影响评价、固定资产投资项目审查备案制和承诺制，固检窗口"一码通"。积极开展生态原产地保护工作，开展区域规划环评实施差别化清单管理，"绩效分级一码通"落实差异化环保管控。洛阳片区：探索试行环境损害责任追究和赔偿制度，建设智慧工地建造、建设项目环境影响评价文件告知承诺制改革。
	55. 合作能力建设 作为环保法律参差不齐的发达国家和发展中国家共同承诺缔结的综合性协定，第20.12条"合作框架"对缔约方合作能力建设做出了详细的规定		√		我国推进绿色发展合作，尤其在共建"一带一路"国家	河南自贸试验区尚无此领域制度创新

续表

模块	议题	对标情况			依据	相关案例
		已对标	部分对标	未对标		
发展	56. 促进发展 第23.2条指出各国承认每一缔约方在执行发展方面政策的重要性，包括在发挥其领导作用方面最大限度利用其国民经济所创定所创定的政策	√			河南自贸试验区专注于促进经济发展，推出了专家帮扶、资金帮扶等政策措施。河南省还出台了"万人助万企"活动	开封片区：专家团队帮扶制。 洛阳片区：建立金融顾问制度，多措并举助推非公企业加速成长，批量融资担保助推小微企业协同保护机制，洛阳片区引进首只农民工返乡创业投资基金
	57. 教育、科技、研究和创新 第23.5条指出各国应认识到，促进和发展教育、科技、研究和创新在加快增长、增强竞争力、创造就业以及扩大缔约方之间的贸易和投资过程中可以发挥重要作用	√			河南自贸试验区助力教育、科技、研究和创新加快增长，在平台建设、政策扶持、成果转化等方面做出了突出努力	郑州片区：建设人才创新创业试验区，高层次人才分类认定，出台《外籍人才来郑工作便利化服务实施办法》。 开封片区：创客空间创客空间。 洛阳片区：清华洛阳智能制造国家专业化众创空间，试行科技创新券报销制度，打造科技资源公共服务平台，洛阳片区创新券平台，创新建立"区校合作"机制，打造综合性工业云服务平台，智能装备产业共性关键技术创新与转化平台，洛阳备先进制造河南省协调创新中心，智能留学人员创业园
	58. 联合发展 第23.6条指出各国之间为促进自本协定所获发展利益最大化而进行的联合行动可增强国家发展战略，私营公司、学术机构和非政府组织共同工作，包括通过与双边伙伴、私营公司、学术机构和非政府组织共同工作	√			河南自贸试验区与卢森堡等国外地区建立了合作伙伴关系，共同推动经济复合发展	郑州片区：一站式国际商事服务中心，发挥智库复合作用，郑州—卢森堡"双枢纽"发展模式。 洛阳片区：探索"一轴双园区"模式，"洛阳技术"输出共建"一带一路"国家

模块	议题	对标情况			依据	相关案例
		已对标	部分对标	未对标		
中小企业	59. 信息共享 第24.1条规定各国应建立相应的网站以方便中小企业获取相关关键信息	√			河南自贸试验区已经建立了类似的中小企业服务平台，协助中小企业获取相关信息	郑州片区："一带一路"物流综合服务平台，打造跨境电商全流程服务平台，一码集成服务，跨境电商支付结算信息共享。洛阳片区："信贷+信用"普惠金融资担保助推小微企业加速成长，批量融资专属服务3.0版，北航科技园全力建设国家级科技校企合作建设机制，智能装备产业共性关键技术创新与转化平台、"科技贷"解决自贸通综合126服务体系、个人/企业空间
	60. 中小企业委员会 第24.2条规定各国应设立中小企业委员会，协助中小企业解决各种问题		√		河南自贸试验区尚未专门设立此类机构，但省级层面设有中小企业服务局	
监管一致性	61. 涵盖监管措施的范围 第25.3条指出各国应在条约生效后的一年内公开此类监管措施的范围		√		河南自贸试验区在监管措施的公开、透明方面推出了相关政策，但在监管措施的系统性上与CPTPP仍有一定差距	郑州片区：原产地证书"信用签证"监管服务新模式，郑州跨境出口监管模式。开封片区："刚刚好"的事中事后综合监管平台、"三双三联"事中事后监管、企业信用合推行精准监管、"1234"精准监管模式
	62. 核心良好监管的实践的实施 第25.5条指出各国在符合其法律法规情况下，通常应鼓励相关监管机构开展监管影响评估。监管影响评估可包含一系列用以确定可能影响的程序		√		河南自贸试验区在核心良好监管实践的实施方面推出了一系列政策，但尚未开展监管影响评估	郑州片区：工程建设项目统一监管方式，"大数据+信用"综合监管模式，跨境电商市场领域智慧监管新模式，郑州冷链大数据平台，商品期货交割智慧监管。开封片区：涉企土地测绘"多测合一"。洛阳片区："互联网+政务服务"跨部门监管、"双随机、一公开"跨部门监管及事中事后综合监管平台

域，三大片区根据国内电子商务的监管框架及时进行了调整，在数字产品的关税、非歧视待遇、无纸化贸易、电子签名和电子认证等方面及时跟进，与CPTPP的要求基本一致，但在跨境信息流动、禁止数据本地化方面突破不大；在电信领域，河南自贸试验区进展有限，与CPTPP的高标准要求仍有较大差距。因此，河南自贸试验区应积极申请国家相关部门政策支持，在电信领域进行深度压力测试，逐步对接高标准国际规则。

CPTPP文本的第15~30章主要是"边境后"规则。这是CPTPP相比自由贸易协定变化较大的篇幅，涉及政府采购、竞争政策、国有企业和指定垄断、知识产权、中小企业、劳工和环境、监管一致性等多个重要领域。总体来看，河南自贸试验区在"边境后"规则的特定领域制度创新力度不够，部分领域存在短板。在政府采购上，河南自贸试验区做出了一些有益尝试，部分达到了CPTPP的高标准要求，但在采购程序、时间、供应商条件等政策细节上仍有较大差距；在竞争政策上，河南自贸试验区在消费者保护和私人诉权上取得了一定进展，但在政策透明度上基本处于空白状态；在国有企业和指定垄断上，河南自贸试验区制度创新的空间较大，比如尚未针对非商业援助推出相关改革案例；在知识产权领域，河南自贸试验区对著作权的保护措施超过了CPTPP标准，对于商标和专利的保护也在推进之中，与CPTPP标准的差距不断缩小；在中小企业问题上，河南自贸试验区已经建立了中小企业服务平台及相关帮扶机构，帮助中小企业解决问题，已经达到了CPTPP的高标准要求；在发展问题上，河南自贸试验区三大片区鼓励创新发展、实现联合发展，已经满足了CPTPP的要求；在监管一致性上，河南自贸试验区三大片区在涵盖监管措施的范围，以及核心良好监管实践的实施上表现良好，虽然在监管措施的系统性上仍存在一定短板，但基本达到了CPTPP对监管一致性的要求；在劳工和环境问题上，河南自贸试验区改革创新有限，只有部分片区出台了零星的政策。因此，在劳工和环境领域中，河南自贸试验区还需要在中央政府和相关部门的指导下，做出更多的先行先试。

总体来看，河南自贸试验区制度创新仍与CPTPP有一定差距，还有大量领域没有对标探索。鉴于CPTPP篇幅较长、议题较多，我们选取其中主要的且与自贸试验区相关的62项作为对标议题。62项主要议题中有26项已对标探索，25项部分对标，11项未对标探索。已对标的议题主要集中在货物贸易、原产地规则和原产地程序、海关管理和贸易便利化、商务人员临时入境、电子商务、中小企业、发展等章节，这表明河南自贸试验区在这些章节已经达到了国际先进水平。在技术性贸易壁垒、投资、跨境服务贸易、金融服务、政府采购、竞争政策、国有企业和指定垄断、知识产权、劳工政策、环境规则等章节上与CPTPP的高标准要求仍有一定差距。在纺织品和服装、电信服务、监管一致性等章节上，河南自贸试验区制度创新在整体上仍处于空白状态，与CPTPP存在较大差距，亟须在这些领域加大开放型经济的风险压力测试，逐步实施符合自贸试验区特色和定位的高水平开放政策，实现与高水平国际经贸规则的顺利对接。

二、与DEPA的对标分析

DEPA是全球首个专门以数字经济为谈判议题的区域协定。2020年6月，新加坡、智利、新西兰三国签署《数字经济伙伴关系协定》（DEPA）。该协定以电子商务便利化、数据转移自由化、个人信息安全化为主要内容，并就加强人工智能、金融科技等领域的合作进行规定。中国于2021年11月正式提出申请加入DEPA，积极推进数字经济领域国际合作。数字贸易、数字经济领域已成为未来全国各自贸试验区制度创新的关键领域之一。

河南自贸试验区与DEPA的对标情况如表4-3所示。总体来看，河南自贸试验区积极贯彻落实国家相关法律法规，但主动在数字贸易核心领域开展的制度创新不多，与DEPA有一定差距，36项主要议题中有21项已对标，6项部分对标，9项未对标。已对标的议题主要集中在数字贸易便利化、数字产品和相关问题的处理、更广泛的信任环境、商业和消费者信任、数字身份、中小企业合作方面，这表明河南自贸试验区在通关效率、数字产品待遇、网络安全、对中小企业的扶持方面已经达到国际先进水平。在数据问题上与DEPA的高标准要求存在较大差距，我国已经着手制定针对信息保护和跨境数据流动的相关法律法规，但尚未完全落地，在与其他国家监管体系的对接上也存在短板，因此河南自贸试验区在数据问题上的突破面临较大法律障碍。在新兴趋势和技术、创新与数字经济、数字包容等新兴议题上，河南自贸试验区整体上与DEPA存在较大差距，亟须建立国际化的人工智能治理框架，打造数字市场的公平竞争体系，最大限度在数字领域提供公共产品。

表 4-3 河南自贸试验区与 DEPA 对标分析

模块	议题	对标情况			依据	相关案例
		已对标	部分对标	未对标		
贸易便利化 1. 无纸化贸易	(1) 贸易管理文件电子化	√			河南自贸试验区已经实现所有已公开的贸易管理文件电子化	三个片区均建立了单一窗口,实现了无纸化操作,海关数据交换。郑州片区:海关特殊监管场所模式开放新高地,跨境电商助力优进出地内筑外放新高地,"一带一路"物流综合服务平台,跨境电商企业"单一窗口",资质验核管理,设立外国人服务"单一窗口",国际商品通关便利化操作,涉外商事服务合创新国际行邮查证非证纸质单证具有同等法律效力。郑州海关ATA单证册便利化审批,优质企业自核单耗单案例,优质企业自核单耗单模式,郑州海关
	(2) 通关流程实现无纸化操作,且电子文件与纸质单证具有同等法律效力	√			河南自贸试验区已经实现国际贸易中多数交易流程的无纸化操作,且电子文件与纸质单证具有同等法律效力	"E 窗办理"、"一区多功能"监管创新模式 2.0,河南国际贸易"单一窗口"大数据平台项目。洛阳片区:洛阳海关开展全国"通关一体化"改革,洛阳片区出口退税无纸化申报,洛阳片区跨境电商园区"一站式"全申报创新监管模式,洛阳片区创新上线国际贸易"单一窗口",创新原产地证书"信用签证",洛阳片区海关出口退税创新机制,研发用进口生物制品"秒通关"模式。
	(3) 建设无缝、可信、高可用性和安全互联的单一窗口	√			河南自贸试验区三大片区均已完成单一窗口建设,并达到了无缝、可信、高可用性和安全互联的标准	
	(4) 开发新系统以实现各缔约方海关实时交换数据	√			河南自贸试验区海关已可与世界主要国家实时交换数据	开封片区:国家出入境检验检疫窗口实现"双网融合"、全程网上办理、"互联网+海关""单点登录、全网通办,河南地区电子口岸企业入网联审"一站式服务"新模式,国家出入境检验检疫窗口实现出口货物原产地企业备案无纸化
	(5) 加强各国之间数据交换系统的兼容性和互操作性		√		河南自贸试验区海关部分政策实现了兼容性和互操作性,但截至 2022 年尚未推出针对性的政策创新	

续表

模块	议题	已对标	部分对标	未对标	依据	相关案例
贸易便利化	2. 国内电子交易框架					
	（6）应维持《电子商业示范法》（UNCITRAL）等国际通行规则	✓			RCEP 在其电子商务章节中同样明确了应遵守相关国际通行规则	郑州片区：跨境电商"神秘买家"风险防控方式、跨境电商零售进口正面监管模式、跨境电商企业"风险画像"监管模式
	（7）应极力避免对电子商务施加不必要的监管负担，在制定相关法律时注重吸收意见		✓		RCEP 在其电子商务章节有类似全面表述，但缺少了吸收政策制定意见的条款	
	3. 物流及快运货物					
	（8）建立高效的跨境物流体系	✓			河南自贸试验区积极推动建立国际物流多式联运综合服务标准体系	郑州片区：物流支付新模式、建立航空货运联盟、依托"卡车航班"扩大郑州集疏圈，郑州—卢森堡"双枢纽"发展模式、国际物流输贸易一体化。 开封片区：内陆地区货物出海物流一体化协作新模式
	（9）积极与缔约方探索有关跨境物流的新技术新模式	✓			河南自贸试验区积极探索新的物流配送模式和商业模式	
	（10）针对快运货物采用或建立快速海关程序	✓			河南自贸试验区关注了关于快运货物的快速海关程序，大幅度提高了货物通关效率	洛阳片区：跨境电商国区"一站式"全申报创新监管模式、铁路内陆港货物直达海外、直通海港的"货运一票制"模式——洛阳一拖物流公司"中亚班列"案例
	4. 电子发票					
	（11）应注重电子发票，并根据现有国际标准制定电子发票		✓		我国自 2022 年起已经开始试点全面数字化的电子发票，且河南自贸试验区围绕电子发票推出了相应的政策创新	郑州片区：大宗商品供应链数字化服务平台，打造集约、高效、便捷的"数字班列"，郑州银行大数据智能客户数据服务中台
	（12）促进电子发票的基础设施建设、培养使用电子发票的意识	✓			河南自贸试验区着力开展数字化建设，在各个领域推广电子发票	

续表

模块	议题	对标情况			依据	相关案例
		已对标	部分对标	未对标		
贸易便利化	5. 电子支付 (13) 对接使用国际通用支付标准，加强支付基础设施的互操作性，鼓励有益创新和竞争	√			河南自贸试验区积极融入全球环境金融电讯协会（SWIFT）组织联合国际银行共同开发"中银全球智汇"等全球支付创新平台	郑州片区：跨境电商支付结算信息共享，物流支付新模式、跨境资金"全球智汇"，优质企业跨境人民币结算便利化，虚拟账户模式解决外贸综合服务企业跨境结算难题、跨境金融区块链服务平台试点。洛阳片区：利用外贸综合服务企业破解外贸综合服务企业集中收汇难题——创新模式服务。开封片区：加强金融创新、提供全面优质金融服务
数字产品和相关问题的处理	6. 对数字产品的关税免除 (14) 停止对数字产品征收关税	√			WTO《关于〈电子商务工作计划〉的部长决定》明确，临时免征电子传输的关税	
	7. 数码产品的非歧视性待遇 (15) 各缔约国之间给予数字产品的优惠待遇不能低于其他国家		√		WTO《服务贸易总协定》规定参与国应享有最惠国待遇和国民待遇等非歧视性待遇。我国在法律上没有对境外数字产品明确规定歧视性内容，但在具体实践政策上存在意识形态安全考虑，如外资企业制作的视频节目无法直接播出，需要将内容出售给国内企业播放	
	8. 使用密码的信息通信技术产品（ICT产品） (16) 对于商业应用加密技术且目设计用于商业应用的产品，任何一方不得通过法规要求供应商，与境内企业合资经营，强制使用指定的加密算法，作为进入该国市场的前置条件		√		RCEP 也包含对使用密码技术的信息通信技术产品进行保护的内容	河南自贸试验区没有此类创新案例

续表

模块	议题	对标情况			依据	相关案例
		已对标	部分对标	未对标		
9. 个人信息保护	(17) 制定为电子商务和数字贸易用户的个人信息提供保护的法律法规		√		2021 年 8 月，我国已出台《中华人民共和国个人信息保护法》。河南自贸试验区尚未推出类似政策创新	
	(18) 加强各国之间不同的个人信息保护体制之间的兼容性和交互操作性			√	河南自贸试验区尚未推出类似政策创新	
数据问题	(19) 支持数据跨境自由流动，只要该措施没有任意或不合理歧视或贸易成变相限制，以及未对信息传输施加超出实现目标所需的限度			√	2016 年公布的《中华人民共和国网络安全法》，形成了"本地储存，出境评估"制度。2017 年发布的《个人信息和重要数据出境安全评估办法（征求意见稿）》细化了跨境数据流动安全评估操作流程。2020 年公布的《中华人民共和国数据安全法（草案）》更加强调了参与国际相关规则的制定，以及与其他国家或地区体系的衔接。2021 年公布的《数据出境安全评估办法（征求意见稿）》，则为我国跨境数据流通提供了重要的配套落地规则。但我国尚未形成全面的数据流动管理制度，相关的法律技术保障体系也存在短板，仍存在数据出境难的问题	10. 跨境数据流动 河南自贸试验区尚未开展跨境数据流动的制度创新

续表

模块	议题		对标情况			依据	相关案例
			已对标	部分对标	未对标		
数据问题	11. 计算的设施的位置	(20) 禁止数据本地化要求作为市场准入条件，但要求不得用任意歧视或变相限制贸易的手段，及超出实现目标所需限度的限制			√	《中华人民共和国个人信息保护法》强调，个人信息的存储应当以"境内存储"为原则。《中华人民共和国网络安全法》指出，应在境内存储关键信息基础设施的运营者在中华人民共和国境内运营中收集和产生的重要数据。我国法律法规在计算设施位置方面对境内存储的严格要求，与DEPA禁止数据本地化的立场存在一定差异	河南自贸试验区在禁止本地化要求方面，面临法律障碍
	12. 网络安全合作	(21) 应增强国家对网络安全的能力，利用现有机制在网络安全领域展开多方面合作	√			2016年公布的《中华人民共和国网络安全法》，强调了增强网络安全防护能力的重要性，并要求积极开展国际合作交流	
更广泛的信任环境	13. 网上安全和保障	(22) 应认识到数字经济对网络环境可靠性起到的支撑作用	√			《中华人民共和国网络安全法》指出应维护网络空间主权和国家安全、社会公共利益，保护公民、法人和其他组织的合法权益，促进经济社会信息化健康发展。河南自贸试验区也进行了相应的政策创新	郑州片区：跨境电商"神秘买家"风险防控方式、跨境电商零售进口正面监管模式、以企业信用代码为核心构建"企业生命信息链"检索办理模式——可查可办全面安全。开封片区：政务服务"自贸通"升级版

续表

模块	议题	对标情况			依据	相关案例
		已对标	部分对标	未对标		
	14. 非应邀商业电子信息	（23）要求赋予消费者拒绝持续接收垃圾信息的能力，使消费者可按照各方法律、法规拒绝接收信息，将垃圾信息减少到最低程度	✓			《中华人民共和国个人信息保护法》的颁布大幅度提高了个人信息的安全性，赋予了消费者拒绝接收垃圾信息的能力	河南自贸试验区落实国家相关法规，但尚无该领域的制度创新
商业和消费者信任	15. 在线消费者保护	（24）保护消费者不受欺诈、误导和欺骗，应围绕加强合作，提高透明度和解决争端的方式加强在线消费者保护	✓			《中华人民共和国电子商务法》指出电子商务经营者应履行消费者权益保护，并进行跨地区、跨国家的消费者保护交流合作	河南自贸试验区落实国家相关法规，但尚无该领域的制度创新
	16. 接入和使用互联网的原则	（25）赋予消费者自由选择互联网终端的权利，按消费者选择接入和使用互联网			✓	RCEP 未包含类似条款，我国也未出台类似法律法规	河南自贸试验区尚未开展该领域的制度创新接入和使用互联网面临法律限制
数字身份	17. 数字身份	（26）促进缔约方各自的数字身份制度之间的对接，包括尽最大努力促进技术互认或共同标准，以及为数字身份的提供和保护等保护	✓			河南自贸试验区围绕数字身份、企业登记、政府服务等方面试行相关政策创新	郑州片区：供应链融资新模式、企业登记全程电子化改革、企业登记身份管理实名验证系统。开封片区：立体智慧政务服务新模式"一网运行"，全程电子化登记、"三网融合"① 综合办税模式

① 2017年6月，通过深化"互联网+"合作，开封片区综合服务中心国税、地税联合，开封片区综合服务中心国税、地税联合窗口升级为"三网融合"税务综合窗口，在全国自贸试验区首次实现了国税、地税"金三办税系统"与自贸试验区立体智慧政务服务平台的"三网融合"。

续表

模块	议题	对标情况			依据	相关案例
		已对标	部分对标	未对标		
	18. 金融科技	(27) 积极促进各国金融企业间的合作及金融科技的发展		√		河南自贸试验区积极促进金融企业间合作，着力推动相关金融科技合作、着力推动相关金融科技合作发展	郑州片区：发展"物流+金融"新业态。洛阳片区：洛阳片区银行积极创新提升金融服务质效、建立洛阳自贸区融资租赁公司拓宽融资服务渠道、洛阳自贸区科技支行工商数据应用项目效果显著（以中国建设银行为例）、普惠评级信用贷授信业务管理办法支持中小微企业发展（以洛阳农村商业银行股份有限公司为例）。洛阳片区创新承兑汇票质押科技创建融资深度融合发展（以洛阳首单信用证制度（以中国银行为例）、"一制度三机制"着力打造外商投资银行）、洛阳片区构建丰公有制企业全流程服务体系，多措并举创新丰跨境融资业务模式，河南自贸首单跨境金融链服务平台建设，河南自贸业务洛阳片区。
新兴趋势和技术	19. 人工智能	(28) 推动缔约方采用与国际接轨的人工智能治理框架			√	河南自贸试验区尚未推出相关政策创新	开封片区：借助金融创新支持地方经济发展，借助自贸试验区平台推动金融产业新高地（开封金控投资集团有限公司运用自贸试验区金融创新案例、优化金融营商环境、促进金融集聚发展）、设立河南自贸试验区艺术银行服务中心
	20. 竞争政策	(29) 加强数字市场竞争政策的制定和竞争执法			√	河南自贸试验区尚未推出相关政策创新	

续表

模块	议题		对标情况			依据	相关案例
			已对标	部分对标	未对标		
创新与数字经济	21. 公有领域	(30) 建立丰富且可易于获得的公有领域			√	河南自贸试验区尚未推出相关政策创新	郑州片区:郑州市区块链服务平台试点。郑州金融区块链服务平台试点。
	22. 数据创新	(31) 鼓励广泛共享数据并致力于促进创新		√		河南自贸试验区积极利用数据驱动创新,提高制造业生产效率、便利信息和知识的传播	郑州片区:郑州市智能网联汽车示范应用,全国首创实景跨境金融区块链服务平台,证照信息网上查询——"秒秒递"。开封片区:电商新模式——延街App电商新模式、全国首创实景"5G+智能制造""汽车生产数字化转型模式""三确一溯准"的文物艺术品"全息鉴证+码链"新体系
	23. 开放政府数据	(32) 要求开放政府数据			√	河南自贸试验区尚未推出相关政策创新	
中小企业合作	24. 增强中小企业在数字经济中的贸易和投资机会的合作	(33) 充分利用数字工具和科技,扩展中小数字企业在数字经济中的商业机会	√			河南自贸试验区利用数字工具和科技帮助中小企业获得资金和信贷,建立培育中小企业的孵化平台	郑州片区:小微企业贷款质押贷、企业金融新模式,资产管家+池化融资。郑州市科技贷款风险补偿业务模式,河南省省单商业地产ABS。洛阳片区:"信贷+信用""普惠金融模式,洛阳北航科技园全力建设国家级科技企业孵化器,公司探索"产学研园区"创新发展模式,洛阳片区"小微快贷"助力普惠金融业务发展,知识产权质押融资(以洛阳股权投资案例)创新股权投资创新案例
	25. 信息共享	(34) 建立免费网站,提供有益于中小企业发展的信息	√			河南自贸试验区为中小企业提供所需的信息、贸易政策法规、知识产权等	"科技贷",解决中小企业融资难题。开封片区:精心打造自贸区创新,创客天地,开封自贸文化艺术金融新高地,如绿地中部地区的客天地、创客天地
	26. 数字中小企业对话	(35) 建立中小企业之间的沟通机制,开展数字中小企业对话	√			河南自贸试验区为中小企业搭建了沟通交流平台、创客天地等对话平台	
数字包容	27. 数字包容性	(36) 通过交流,共享数字包容各方面的经验和最佳做法,推动缔约方民间力量开展数字包容相关的合作活动		√		河南自贸试验区通过市民卡系统,公共平台社区平台积极为市民获取数字经济经验,推动包容和可持续经济增长。但在发挥民间力量上尚与DEPA条款存在差距	郑州片区:郑州市民卡(社保卡)"一卡通""一带一路""物流综合服务平台",改革案例。开封片区:创新"12345"工作法着力构建智慧型社区。洛阳片区:创新公共服务平台:创新公共服务平台建设

第四节 河南自贸试验区制度型开放与区域发展的适配性分析

一、与河南省"十大战略"的对标分析

"十大战略"是河南推动更高质量更可持续发展的新举措、新路径，集中体现了"十四五"乃至更长时期河南的发展思路、发展方向、发展着力点。河南自贸试验区与河南省"十大战略"的对标情况如表4-4所示。

总的来看，河南自贸试验区制度创新与省"十大战略"的契合度较高，尤其是在创新驱动、优势再造、换道领跑、文化产业发展、制度型开放与全面改革方面，河南自贸试验区作为改革开放的高地和前沿探索的"苗圃"，不断地输出可复制、可推广的创新成果，走在了全省的前列；但在形成现代产业体系、供应链协同，外向型经济发展及数字基础设施建设方面，受自贸试验区自身范围和职能的限制，制度创新尚有不足。在涉及民生领域和打造宜居环境方面仍有较大空间，而在绿色发展方面目前则涉及较少制度创新。

二、与三个片区功能定位的对标分析

《中国（河南）自由贸易试验区总体方案》明确了河南自贸试验区的战略定位和发展目标。三大片区各司其职，开展先行先试和制度创新探索。郑州片区重点促进交通物流融合发展和在投资贸易便利化方面推进体制机制创新，打造多式联运国际性物流中心，发挥服务"一带一路"建设的现代综合交通枢纽作用；开封片区重点构建国际文化贸易和人文旅游合作平台，打造服务贸易创新发展区和文创产业对外开放先行区，促进国际文化旅游融合发展；洛阳片区重点提升装备制造业转型升级能力和国际产能合作能力，打造国际智能制造合作示范区，推进华夏历史文明传承创新区建设。河南自贸试验区三大片区制度创新与总体方案的对标情况如表4-5所示。

表 4—4 河南自贸试验区与河南省"十大战略"对标分析

战略名称	战略内容	对标情况			依据	相关案例
		已对标	部分对标	未对标		
1. 创新驱动、科教兴省、人才强省战略	把创新摆在发展的逻辑起点、现代化建设的核心位置,做强创新引擎,壮大创新主体,集聚创新人才,完善创新制度,优化创新生态,建设国家创新高地		√		河南自贸试验区致力于打造创新和开放的高地,建立了若干促进创新的制度、政策,打造了若干创新平台,重视多区协同及对创新人才的引进和激励,形成了良好的创新生态	(1) 郑州片区:创新创业载体发展保障机制、"郑创汇"国际创新创业大赛平台模式、科技贷款风险补偿模式、探索赋予科研机构和人员更大自主权的新模式、完善技术转移措施促进技术市场发展、出台跨境电商1210模式人才培育标准、"一站式""创新主体培育服务体系"等。 (2) 洛阳片区:智能装备产业共性关键技术创新与转化平台、创新工作机制破解民营经济职称评审瓶颈,并联审批民办大学办学许可证审批难题、洛阳北航科技园全力建设国家级科技企业孵化器、清华洛阳基地打造智能制造国家专业化众创空间、试行科技创新券报销制度、支持双创建设、打造机械装备产业协同创新中心、实施"玉贤汇"计划助推人才队伍建设、实施"河洛工匠计划"助推大学生创新创业、国家大学科技园"双创"案例、优化政策环境助力科技成果转化落地、"基地+研究所+公司"三方联动助推洛阳智能制造产业高质量发展,构建科技金融深度融合发展新机制、创新高新技术企业初审转化路径。 (3) 开封片区:绿地中部创客天地、外国人永久居留审批新模式、"人才飞地创新港"、留学回国人员购买免税国产汽车、探索建立高新技术企业培育机构,三方共建联合创新实验室探索科技创新路径。

续表

战略名称	战略内容	对标情况			依据	相关案例
		已对标	部分对标	未对标		
2. 优势再造战略	推动交通区位优势向枢纽经济优势、产业基础优势向现代产业体系优势、内需规模优势向产业链供应链优势向产业链产业优势和产业链协同优势转变，形成高质量发展新动能		√		河南自贸试验区在打造物流、交通枢纽方面进行了大量改革创新，在提升产业基础优势方面进行了有益尝试，但在形成产业优势和产业链协同方面仍有不足	（1）郑州片区：建设郑州中欧班列集结中心示范工程，国际物流运输贸易一体化、国际多式联运贸易数据交易服务平台，建立"一带一路"物流综合服务平台、郑州机场多式联运数据交换服务接口标准，制定国际公铁联运站多式作业标准，公铁联运信息系统数据交换接口标准，建立国际公铁联运班运衔接规范，综合货运枢纽服务规范、综合货运枢纽运营效果评价指标，建设国际公铁联运中集装箱联运运综合体系，建立"空中转"货物集疏圈，"陆空联运""陆空联运"货运枢纽"双枢纽"发展模式，依托"卡车航班"扩大郑州公路货物集群，建立专业物流集群，中欧国际公路双向散通道，中欧国际物流冷链通道，"定制化"国际物流、中欧班列运行模式，创新"运贸一体化"国际多式联运示范工程，建设以河南省多式联运示范工程为依托的郑州中欧班列运输新模式郑州国际陆港"运贸一体化"建设2.0。 （2）洛阳片区："四链融合"促进洛阳工业基地转型升级，普莱柯生物工程股份有限公司探索"产学研园投"创新发展模式，农机装备制造步上新台阶，"洛阳制造"加速融入"一带一路"，"国有+民营"助推国家物流枢纽建设。 （3）开封片区：内陆地区货物出海物流一体化协作新模式

续表

战略名称	战略内容	对标情况			依据	相关案例
		已对标	部分对标	未对标		
3. 数字化转型战略	突出数字化引领、撬动、赋能作用，加快构建系统完备、高效实用、智能绿色、安全可靠的新型基础设施体系，壮大数字核心产业，推进传统产业数字化改造，全面提升数治能力		√		河南自贸试验区制度创新中涉及较多体现在数字化转型建设，"互联网+政务"和提升数治能力方面，在推进传统产业数字化改造方面也有涉及，但在强化数字基建和壮大数字产业方面仍有不足	（1）郑州片区：政府非税收入收缴电子化，网上案件管理审批系统、国际行物品通关监管信息化，推进网上诉讼服务信息平台、郑州海关"E窗办理"，设立国税业务网上办税处理中心、外贸大数据中心创新服务模式，"互联网+不动产登记"抵押新模式，个体登记"一件事"，智能"秒批"，涉税（费）事项"自助办税服务圈"，打造"就近办"全流程多场景"互联网+诉讼"新模式，"郑仲云"网络仲裁平台，大宗商品供应链数字化服务平台、智能审核助力"非接触式"办税服务，打造集约高效便捷"数字班列"，商品期货交割智慧监管平台。（2）洛阳片区：出口退税无纸化申报，创新公共服务平台建设，打造全景行政执法平台，建设"互联网+政务服务及事中事后综合监管平台"，建设智慧工地实现绿色建造、"关银一KEY通"实现服务"零距离"（3）开封片区：立体智慧政务服务新模式"一网运行"，全程电子登录、建设项目环评审批全程"零跑腿"，"互联网+海关"单点登录、"e线通"智能互动服务模式，"5G+智能制造"汽车生产数字化转型模式、"全息鉴证+码链"新体系，自贸通政策服务智慧平台，"文化+数字"打造文化产品，数字赋能文化贸易国际化、创新文物艺术品"拳头"产品，数字法着力构建智慧型社区"12345"工作法着力构建智慧型社区。

续表

战略名称	战略内容	对标情况			依据	相关案例
		已对标	部分对标	未对标		
4. 换道领跑战略	在传统产业上高位嫁接，在新兴产业上抢滩占先，上前瞻布局，全面提升产业竞争力		✓		河南自贸试验区各片区围绕特色产业定位，加快升级改造以创新支持传统产业、新兴产业集聚发展，但围绕新兴产业、未来产业发展的制度创新不够	(1) 郑州片区："亩均论英雄"推进制造业高质量发展，跨境电商"网购保税+实体新零售"新模式，进口服装分拨中心监管模式创新，特殊目的载体公司开展融资租赁，跨境电商助力优进优出构筑内地开放新高地，"黄河云商"F2B出口跨境特色保税租赁，公海支付跨境跨区飞机转租业务、经营性租赁收取外币租金保税租赁，发展"物流+金融"新业态、发行境外高级无抵押美元债券，"中欧班列+跨境电商"运营模式，郑州市智能网联汽车示范应用，探索创意产业全链条保护机制。 (2) 洛阳片区："四链融合"促进洛阳老工业基地转型升级，创新无仓储危险化学品经营企业管理服务新模式，偃师科技园建设国家级科技企业孵化器，清华阳基地打造智能市场，北航科技园全力建设国家级科技企业孵化器，制造国家专业化众创空间，中信重工"民参军"，中船重工第七二五研究所军民融合"创"字诀，普莱柯探索"产学研园校"创新发展模式，首家混改国际矿业集团，多模式创新打造国际电商物流深度融合发展新高地，以高质量发展新高地，创新"信息化+制造"双链质量管理模式。 (3) 开封片区：高新技术企业培育"三个一"税务服务新模式，推动特色文化国际化发展，河南省首家医生集团落户开封，促进金融产业集聚发展，跨境电商+海外仓+农产品，打造数字文化拳头产品，文化艺术金融探索

续表

战略名称	战略内容	对标情况			依据	相关案例
		已对标	部分对标	未对标		
5. 文旅文创融合战略	发展富有特色的全链条文旅业态，壮大以创意为内核的文化产业，打造中华文化传承创新中心、世界文化旅游胜地	✓			河南自贸试验区支持文化产业、旅游业与相关产业融合发展。其中，开封片区是全国自贸试验区中唯一以发展文化产业为主的片区，通过创新政策、搭建平台、培育关联主体，形成文化及相关企业集聚高地，推动特色文化产业国际化，搭建起中华传统文化"走出去"的重要平台	(1) 郑州片区：推进小剧场产业发展、文旅企业知识产权挂牌融资新模式，探索创意全产业链条保护机制。 (2) 洛阳片区："互联网+智慧景区"片区文化旅游中心，打造国内首个国际影视创意产业园区，建立洛阳"区校合作"龙门模式，创新牡丹鲜切花出口检验检疫全流程。 (3) 开封片区：开封自贸试验区文化艺术金融探索，开封市"1+3+N+1"首家中外合资演出经纪机构，打造中部地区首个艺术品保税区，设立河南自贸服务体系的新探索，文物艺术品进出口贸易全链条服务体系，全国首创以"陶瓷码链""三确一溯"鉴证艺术品新体系，构建文物痕迹物证"新体系，构建以"文物全息"为核心的"文物全息"鉴证企业标准体系
6. 以人为核心的新型城镇化战略	坚持从社会全面进步和人的全面发展出发，科学编制国土空间规划，推动中原城市群一体化高质量发展，加快构建主副引领、四区协同、多点支撑的发展格局，使城市更健康、更安全、更宜居，打造高品质生活空间		✓		河南自贸试验区以土地、规划关键环节的制度创新，打造土地报批及工程规划的河南模式。以数字化建设、"互联网+"和政务服务改革提升群众办事体验。因自贸试验区制度创新着重在打造宜居水平方面仍有较大改进空间	(1) 郑州片区："互联网+智慧管理"平台打造智慧城市，考古前置改革，试运行配建人防面积新标准，金融IC卡在公共服务领域的应用，新型工业用地管理模式，构建郑州片区医养结合工作体系，房屋交易登记"全市通办"、"交房即发证"新模式，"标准地+承诺制"供地监管模式，社会保障卡创新应用助力"数字郑州"建设，户籍审批事项实行"告知承诺制"服务，市内免税店外汇商品线上销售业务模式，郑州市公共租赁住房"掌上办""零次跑"、便民服务案例，建立卫生健康"智慧卫监"模式。 (2) 洛阳片区：创新"小游园"建设、"多规合一"信息化平台创新审批模式，土地出让新模式，土地出让着力提高国土资源综合利用率，极简模式办理施工许可助力老旧小区改造。 (3) 开封片区：创新"12345"工作法实施方案，优化建设智慧社区、"信访+智慧网格"建设，项目土地报批流程实施改造，创新"12345"工作法流程实施方案

续表

战略名称	战略内容	对标情况			依据	相关案例
		已对标	部分对标	未对标		
7. 乡村振兴战略	毫不放松抓好粮食生产,以产业链、价值链、供应链"三链"同构,提升农业效益和竞争力,促进农民增收,以实施乡村建设行动为抓手建设美丽乡村,加快建设现代农业强省		√		河南自贸试验区在期货品种创新、跨境电商、农机装备制造等方面的改革有力支撑了乡村振兴战略。例如,苹果期货成为全球首个鲜果期货品种,填补了我国农产品期权期货品种的空白,属于全国首创,美丽农业产业链等方面较少涉及制度创新	(1) 郑州片区:苹果期货品种创新、农牧产品"活体抵押"批量授信模式、涉农产品期权品种创新、棉花期权品种创新、红枣期货品种创新,助力乡村振兴。 (2) 洛阳片区:农村装备制造迈步上新台阶,引进只首农民工返乡创业投资基金。 (3) 开封片区:跨境电商+海外仓+农产品
8. 绿色低碳转型战略	以推进碳达峰碳中和为牵引,坚持绿色生产、绿色技术、绿色生活、绿色制度一体推进,全面提升能源安全绿色保障水平,建立健全全绿色低碳循环发展的经济体系		√		河南自贸试验区探索绿色监管和考核,以生态环境领域营商环境改善、推动经济社会绿色发展、实现社会绿色转型在绿色技术、能源、生产等方面涉及较少制度创新	(1) 郑州片区:市场首单绿色资产支持商业票据。 (2) 洛阳片区:探索试行环境损害责任追究和赔偿制度,建设智慧工地,实现绿色建造。 (3) 开封片区:国家出入境检验检疫绿色考核新模式,工业企业日常环境监管工作,级管理新模式、"绩效分级一码通"落实差异化保管控

续表

战略名称	战略内容	对标情况 已对标	对标情况 部分对标	对标情况 未对标	依据	相关案例
9. 制度型开放战略	对标对接国际贸易和投资通行规则，构建稳定透明可预期的开放政策制度体系，提高开放型经济发展水平	√			河南自贸试验区瞄准更高层次开放，着眼于形成以投资贸易自由化便利化为核心的开放政策制度型开放，打造制度型开放高地	(1) 郑州片区：开创原产地证书"信用签证"监管服务新模式，搭建跨境双向资金池，赋予海关特殊监管区域企业一般纳税人资格试点，跨境资金"全球智汇"，PTA期货引入境外交易者，郑州市国际商务旅行卡"网上办"，国际多式联运"一单制"。(2) 洛阳片区："创新管理"检验检疫"验证管理""信用签证"检验检疫监管新模式，采信第三方认证结果实现出口食品生产企业备案模式创新，积极推动洛阳—布尔拉农业综合产业园建设落地，设置"一院一中心"，解决民商事纠纷，探索"一轴双园区"模式打造中乌农业双向开放格局，"一院制度三机制"着力打造外商投资企业全链条服务体系。(3) 开封片区：构建艺术品进出口贸易全链条服务体系
10. 全面深化改革战略	发挥改革服务构建新发展格局的关键作用，在全面上做文章，深化改革上下功夫，实现改革举措有机衔接、有效贯通、有序联动	√			河南自贸试验区深入贯彻新发展理念，以制度创新为核心，以"放管服"改革为抓手，以改革创新强动能，提升开放水平、改善营商环境等方面形成可复制、可推广、可辐射的制度成果，充分发挥了深化改革"试验田"和开创新引领示范作用	(1) 郑州片区：政务服务"一次办妥"，商事制度改革"三十五证合一"，(经营场所)知识产权"三合一"服务模式，企业住所(经营场所)申报承诺制，"照章办"模式，"大数据+信用"综合监管模式，行政审批快速受理高效办结服务，一码集成服务，"互联网+税务"服务模式，"服务八同步""拿地即开工"项目建设项目统一审批监管模式，工程建设项目区域评估+多评核验，企业登记全程电子化改革，企业住所自主申报，企业经营范围自主申报，加工贸易监管，跨境电商多模式综合监管，"一区多功能"监管模式2.0，跨境电商多模式综合监管，企业登记制度改革，工程建设项目审批制度改革，工程建设项目联合审验模式，工程建设项目告知承诺制，工程建设项目审批代办服务模式，商事登记制度"一站式""联办+套餐式"海关税务"双联动"，企业开办"一件事"，选办跨境电商全流程服务平台，打造跨境电商全流程服务平台，出口退税零成本，商事服务模式，企业开办"一件事"

续表

战略名称	战略内容	对标情况			依据	相关案例
		已对标	部分对标	未对标		
10.全面深化改革战略	发挥改革服务构建新发展格局的关键作用，在全面格局的关键作用，在全面上下做文章，深化改革举措，实现改革举措有机衔接、有效贯通、有序联动	√			河南自贸试验区深入贯彻新发展理念，以制度创新为核心，以"放管服"改革为抓手，以改革创新强政放权，在推进简政放权、改善营商环境等方面形成了一批可复制、可辐射的制度成果，充分发挥了深化改革"试验田"和开放创新引领示范作用	电子税务局自动识别审核辅助系统，探索实行环评告知承诺，深化施工图审查合审查改革推动施工图审查再提速。 (2) 洛阳片区：推行"多证集成、一照通行"改革，助力市场主体快入准营，递进式商事纠纷多元化解服务，推行受理、审核、出证"三分离"，探索"一枚印章管审批"改革，集群注册"零成本"办公司，推行"简易注销"改革试点，实施"双随机、一公开""通关一体化"改革，中小企业信用体系建设，社会投资小型低风险建设项目审批繁简分流试点经验，会创新企业开办"四个一"审批模式，工程项目建设项目审批过程推行"一次办多"升级版，推进工程建设项目施工图审查自身承诺制改革，建设项目环境影响评价文件告知承诺审批，一类医疗器械"并联审批"新模式。 (3) 开封片区：商事制度改革"三十二证合一""二十三证合一""四十五证合一"，行政审批服务新模式，深化行政审批服务"345"改革、"六个一"政务服务新模式，投资建设项目一体审查审批服务模式，营业执照"一照多址"，企业住所集中地注册，一码集成服务，自贸通126服务体系，"1+3+N+1"旅游综合监管模式，建设项目日水电气暖"现场一次联办"服务，土地摘牌到不动产权首次登记"极速办理"，涉企四减一承诺"诸标承诺"，工程建设项目土地报批+工程规划许可"两并四联"模式，企业投资项目承诺制"1234"精准审批服务，黄河流域自贸试验区政务服务"跨区域通办"模式，以信用为核心的精准监管模式，增值税期末留抵税额退税"精准快享"模式，服务新模式，开封综合保税区创新打造两区块"阶段物理围网+信息系统"联结联通新模式

表 4-5 河南自贸试验区与三个片区功能定位对标分析

片区	总体方案定位	对标情况			依据	相关案例
		已对标	部分对标	未对标		
郑州片区	重点发展： （1）智能终端、高端装备及汽车制造、生物医药等先进制造业； （2）现代物流、国际商贸、跨境电商、现代金融服务、服务外包、创意设计、商务会展、动漫游戏等现代服务业； （3）在促进交通物流融合发展和投资贸易便利化方面推进体制机制创新，打造国际性物流中心等方面制度创新，发挥服务"一带一路"建设的现代综合交通枢纽作用		√		郑州片区强化国际空港、国际陆港"两港"建设，着力打造多式联运国际性物流中心，推出了多式联运国际性物流中心建设方案。聚焦口岸通关和监管制度创新，贸易便利化水平加快提升。高端装备、汽车制造、现代物流、跨境电商等产业集群发展势头良好。但在多式联运国际性物流中心等方面制度创新仍有提升空间，同时缺乏专项产业发展规划设计	（1）加快智能制造发展推动产业创新、宇通客车跨境经销商资服务模式、中原公司国有企业改革、郑州煤矿创立双碳金融服务中心助力"专精特新"企业发展、跨境电商药品（医疗器械）进口试点等； （2）河南国际贸易"单一窗口"大数据平台项目、跨境电商"网购保税+实体新零售进口正面监管模式、跨境电商"单一管"新模式、打造知识产权质押融资服务体系、打造跨境双向人民币资金池、搭建跨境投融资服务体系、发行境外造自贸试验区"企业金融服务"、银行创新走上快车道、发行意外链高级无抵押美元债券、酒店客房间夜权质押贷、探索创意产业全链条保护机制、"黄河云商"F2B出口跨境特色服务模式等； （3）培育发展第三方物流服务商、建立公铁联运枢纽站业务作业标准、多式联运综合服务平台、国际多式联运"一单制"、"一带一路"物流综合服务平台、创新多元化产品、建立航空货运联盟、郑州—卢森堡"双枢纽"发展模式、"郑欧班列+跨境电商"运营模式、创新"运贸一体化"国际班列运行模式、"跨境电商+市场采购"出口新模式、"一带一路"背景下国际多式联运提单机制创新、打造集约、高效、便捷"数字班列"郑州国际陆港"运贸一体化"建设2.0等

续表

片区	总体方案定位	对标情况			依据	相关案例
		已对标	部分对标	未对标		
洛阳片区	重点发展： （1）装备制造、机器人、新材料等高端制造业； （2）研发设计、电子商务、服务外包、国际文化旅游、文化创意、文化贸易、文化展示等现代服务业； （3）提升装备制造业转型升级能力和国际产能合作能力，打造国际智能制造合作示范区，推进华夏历史文明传承示范区、创新区建设		√		洛阳片区围绕智能制造主导产业发展，一方面，推进产业基础高级化、产业链现代化。出台了国际智能制造合作示范区建设方案，打造国际智能制造合作创新生态体系，集聚了一批高端制造和高成长性企业，形成了机器人、光电元器件、新能源材料等优势领域产业集群。另一方面，促进传统产业转型升级的制度创新力度需要进一步加大	（1）"四链融合"促进洛阳老工业基地转型升级，洛阳德平科技股份有限公司依靠自主创新抢占国内外市场，中信重工机械股份有限公司打造智能制造国家专业化众创空间，服务国防，清华洛阳基地打造"民参军""做强实力，服务国防"，所军民融合"创"字诀等； （2）洛阳瑞泽石化工程有限公司全力建设国家级科技企业孵化器，普莱柯生物工程股份有限公司探索"产学研同投""创新发展融合发展新高地，高科技，多模式创新打造电商物流深度融合发展新高地，互联网+智慧景区"龙门园区，区校合作建立洛阳片区文化旅游中心，打造国内首个国际影视创意产业园区等； （3）农机装备制造步上新台阶，新型研发机构建设，尖端技术研究院，积极推动洛阳一布哈拉农业综合产业园建设落地，"洛阳制造"加速融入"一带一路"，拓展国际产能合作新渠道（中国—龙门景区）、"基地+研究"案例），"双担保"案例），"智能制造产业高质量发展，打造综合性工业云服务平台，拖集团有限公司三方联动推进洛阳智能制造产业新高地，多模式创新打造电商装备产业共性关键技术创新与转化平台等

续表

片区	总体方案定位	对标情况			依据	相关案例
		已对标	部分对标	未对标		
开封片区	重点发展： （1）服务外包、医疗旅游、创意设计、文化传媒、文化金融、艺术品交易、现代物流等服务业； （2）提升装备制造、农副产品加工国际合作及贸易能力； （3）构建国际文化贸易和人文旅游合作平台，打造服务贸易创新发展示范区和文化产业对外开放先行区，促进国际文化旅游融合发展	√			开封片区聚焦"艺术品交易""文化金融"先行先试，推出了文化产业对外开放与创新发展示范区建设方案，持续加快文化产业对外开放，国际文化艺术品交易初显规模。同时，需要继续突破文化产业国际化的制度和政策制约	（1）积极开展生态原产地保护，河南中部创客天地、绿地中部创客天地、家医生集团落户开封，打造中部地区首个艺术品保税仓，设立河南省首家中外合资演出经纪机构，河南自贸试验区艺术品全链条金融服务中心等； （2）"5G+智能制造"汽车生产数字化转型模式； （3）开展文物艺术品"三确一溯"鉴证服务体系的新探索，跨境电商+海外仓+农产品，聚焦文化贸易、文化金融、数字文化等重点领域，推动文化产业国际化发展，文物艺术品"全总鉴证""配政策""全链条服务体系"新体系，构建艺术品进出口贸易三维一体推动特色文化产业国际化发展等；搭平台育主体

第五章

以自贸试验区建设为引领推进
我国制度型开放的政策建议

第一节 以自贸试验区建设为引领推进
我国制度型开放的战略思路

制度型开放不同于传统的流动型开放，在开放措施、开放策略等方面都需要创新，一方面是借助外部力量有意识地主动推进改革，逐步实现自身规则等制度设计和安排的优化；另一方面是在变革和优化中完善制度质量，从而为国际经贸规则体系的调整和优化贡献中国方案和中国样板。十年来的制度创新发展实践充分证明，自贸试验区不仅是国家全面深化改革开放的试验田，更是制度型开放的新高地。在新的发展阶段，我们应坚持开放与改革并行，坚持对标与对接并重，注重创新和引领，从多方面着手，贯彻以自贸试验区建设为引领推进我国制度型开放的战略思路。

一、完善促进自贸试验区进一步创新发展的体制机制

充分发挥自贸试验区的引领作用，在更大范围放大自贸试验区改革创新溢出效应，关键在于构建高效运行的体制机制，强化顶层设计，加强统筹推进，解决行政区划分割、管理层级多、利益关系复杂带来的问题，为自贸试验区发展提供

更加有力的支撑，稳步推动制度型开放在更广范围实施。

一是设立"决策层、协调层、执行层"三级管理体制。自贸试验区应成为制度创新和实践探索的重要平台，先行先试有利于制度型开放的新政策、法规和行政管理模式。设立"决策层、协调层、执行层"三级管理体制，建立"上下联动、统分结合、三级运作、各负其责"的机制，合力推进自贸试验区建设引领制度型开放。决策层负责确定合作目标、战略纲领和实施方案，进行宏观把控。协调层负责对合作事项进行联络、协调、指导和督促，把决策层制定的方针、政策贯彻到各个职能部门的日常工作中去。执行层在决策层的领导和协调层的调度下，把战略规划转化为具体行动。

决策层负责统筹调度。省（市、自治区）自贸试验区建设领导小组加挂"制度型开放领导小组"牌子，作为决策层全面负责制定省域制度型开放的战略规划、体制机制、重大政策及实施方案，进行宏观把控；负责考核省（市、自治区）制度型开放的总体工作绩效，并将各职能部门对制度型开放工作的协同配合作为监督、考核的重要组成部分；制定容错免责规章或规范性文件，完善容错免责认定的程序性规定，树立保护改革者、支持担当者的基本导向。

协调层促进联络会商。省（市、自治区）自贸试验区联席会议作为协调层，加挂"制度型开放联席会议"牌子，负责协调推进省（市、自治区）制度型开放中的重要事项和重大项目，对省域制度型开放相关事项进行联络、协调、指导和督促，把决策层制定的方针、政策贯彻到各个职能部门的日常工作中去。建立针对紧急事务、重大事务的联席会议工作专班，由相关部门牵头开展跨层级、跨部门、跨领域的统筹谋划。

执行层推动落地落实。省（市、自治区）自由贸易试验区工作办公室作为执行层，负责省域制度型开放重大事务的日常联络、协调、统筹和跟进，即在决策层的领导和协调层的调度下，把战略规划转化为具体行动，项目化、清单化推动任务落地落实。省（市、自治区）工作/管理办公室可根据需要，下设若干项目专责小组，由业务主管部门牵头推进，负责各专题领域战略决策研究谋划、制定年度工作计划并推进落实、统筹协调和督促检查等。

二是提升自贸试验区片区管理委员会实体性法律地位。以自贸试验区建设为引领推进制度型开放，是促进省（市、自治区）开放发展的重大战略，而非地方特殊功能区的简单升级，其执行机构发挥着"上接天线，下接地气"和统筹协调的中枢作用，必须体现以全省（市、自治区）之力落实国家战略的凝聚力，体现大胆高效开展制度创新的行动力。推行自贸试验区管理体制法治化改革，提升自贸试验区片区管理委员会的法律地位，保障其行使管理行为的权威性与合法性；坚持"权责一致、事权匹配"原则，赋予自贸试验区片区管理委员会必要的法律地位与职权相匹配的自主权力，以充分发挥其"大胆试、大胆闯、自主改"的主观能动性。优化自贸试验区管理委员会内部管理体制，进一步完善管理委员会机构与岗位设置，优化符合自贸试验区工作特点的编制管理方式，统筹使用分类编制资源，实行编制分类管理、人员统筹使用。建立自贸试验区相关改革部门、公职人员和工作人员相互之间挂职和交流机制，促进部门协同、人才资源共享，促进干部在观念理念上向高水平开放看齐。同时，要加强自贸试验区内的法治建设，确保政策、制度的稳定性和可预期性，为企业和投资者提供更加稳定的营商环境。

三是建立健全联动创新区管理体制。推行"自贸试验区＋联动创新区＋辐射带动区"开放发展格局，在省（市、自治区）自由贸易试验区工作办公室指导下，成立联动创新区建设工作领导小组，统筹推进联动创新区各项建设工作，构建针对联动创新区的创新发展评估指标体系，并从成果复制、平台建设、协同改革、联动合作等方面评价其发展成效。按照"依法放权、按需放权、应放尽放""放得下、接得住"的原则，参照自贸试验区需求在联动创新区同步下放省级经济社会管理权限。根据需要，积极与国家有关部委对接，争取将部分下放至自贸试验区的国家级管理权限，同步下放至条件成熟的联动创新区。在政策试点和制度成熟的基础上，争取政策延伸和空间拓展，向省域内其他功能区复制推广，更好地发挥自贸试验区和联动创新区示范引领和辐射带动作用。

二、进一步完善有利于衔接国际规则的制度体系

一是进一步发挥自贸试验区国际规则试验田的作用。要密切跟踪国际经贸规则的高标准演进新趋势，对标 CPTPP、DEPA 等国际最高标准经贸规则，对照最好水平自由贸易区，加大开放测试的力度，先行先试。对提升政府治理能力的规则进行先行先试，重点对接监管一致性、争端解决、劳工权益、国有企业、竞争政策、政府采购等规则，建立与国际接轨的公平竞争机制、知识产权保护、国际仲裁机制和商事调解机制。对投资管理体制改革的规则进行先行先试，进一步放宽市场准入，继续缩减负面清单，完善事中事后监管制度，提升外商投资全周期监管的科学性、规范性和透明度。对促进贸易便利化的规则进行先行先试，创新跨境电商业务模式和监管方式，积极研究推进经常项目管理便利化试点等，提升企业贸易外汇收支便利化程度。对其他新议题、新规则进行先行先试，针对跨境服务贸易、通信、环境、中小企业、供应链建设等新议题，在部分具备条件的自贸试验区进行试点。通过自贸试验区先行先试已有的国际高标准国际经贸规则或即将形成的高标准国际经贸规则，探索符合国际惯例的基本制度体系和监管模式，为加入高标准贸易协定提供经验做法、找准提升方向，以此为目标导向倒逼国内改革。

二是进一步强化系统性政策制度体系设计。从全局性、整体性把握国际先进自由贸易园区政策和制度设计的背景和原因，明晰其可能的运行环境和需要的基础条件，在风险可控的条件下，主动对标找准差距，注重政策和制度体系的整体适应性和有效性，不断完善有利于自贸试验区制度创新的政策制度体系。

三是进一步完善自贸试验区的法律制度。健全保障自由贸易试验区高质量发展的法律体系，协调自贸试验区自主改革试点政策与上位法之间的关系，进一步完善自贸试验区相关的法律规章。根据国际经贸规则由边境规则转向边境后规则的变化趋势，完善在知识产权保护、透明度规则、竞争中性等边境后措施等方面的国内立法和制度。

三、进一步健全有利于制度协同创新的体制机制

一是进一步赋予自贸试验区改革创新权限。在条件成熟时制定国家层面的自贸试验区法律和规划，赋予国务院自由贸易试验区工作部际联席会议办公室更大权限，针对自贸试验区建设中涉及国家事权的难点事项，协调建立部级协同支持自贸试验区发展制度，对各自贸试验区自主创新充分授权，推动省属经济权限和中央部委相关权限的下放，提高自贸试验区制度创新能力和效率。进一步强化自贸试验区内各项制度之间的关联和衔接，加强制度创新的系统性和集成性，推行"企业主体、市场导向、系统集成、部门联动"的制度创新体系，加强创新部门

之间的联动，从产业链全链条优化的视角进行一揽子制度创新，推出耦合性高的制度组合，提高制度创新的适用性和竞争力。

二是进一步推动自贸试验区差异化创新。推进制度型开放，需要自贸试验区结合各自在国家战略中的定位和地方实际，量身定制政策制度体系，大胆进行差异化创新，协同推动更高水平对外开放。沿海自贸试验区可侧重港口航运、服务业开放等领域，内陆自贸试验区可侧重高端制造业培育、国际内陆港建设等领域，沿边自贸试验区可侧重与周边国家经贸合作的制度创新。在差异化创新的基础上，借鉴国际知名自由贸易港的建设经验，以海南自由贸易港建设为契机，探索建设中国特色自由贸易港，实施更高标准的一线放开，创新灵活多样的税收制度，大力发展以中转集拼为主的航运服务，打造开放层次更高、营商环境更优、辐射作用更强的开放新高地。

三是进一步完善协同制度创新机制。加强自贸试验区制度创新与现有其他创新试点的协调联动，建立健全制度创新协同机制、跨区域基础设施共享机制、交通运输协同治理机制、合作区收益共享机制、知识产权保护与服务机制、争议解决机制等一系列科学实用的协同创新工作机制，健全促进协同创新的法规条例和制度保障体系，着力在贸易便利化、投资管理、金融创新、产业发展、政府管理等方面取得突破性制度创新。建立跨部门、跨领域的协调机制，加强横向与同级政府及其部间、纵向与不同级政府间的协同联动，强化自贸试验区与其他参与协同主体的合作，加强信息共享和沟通，确保自贸试验区制度创新要素流动畅通，打造协同制度创新发展共同体，推动制度型开放在更大范围实施。围绕服务重大区域发展战略、全面深化改革和扩大开放等国家战略，依托国家双（多）边合作交流平台，构建协同创新新机制，扩大与重点国家和地区双向经贸合作领域，拓展国际开放合作空间，加大改革压力测试，丰富制度创新供给。

四、进一步促进产业协同发展

加强自贸试验区内外产业规划、产业政策、产业生态链和产业资金流的协同互动，强化功能关联，推动重点产业优势互补、协调联动、错位发展，促进高端产业集聚发展、区域功能互补融合，充分释放产业发展潜力和动能。

一是探索组建产业发展共同体。构建科技创新资源共享机制，推动自贸试验区与重要功能区组建产业发展共同体，联合共建制造业创新中心、工程技术研究中心、重点实验室等公共研发平台，共同开展产业链的核心技术攻关，加强产业关键共性技术协同创新。例如，可将自主创新示范区的创新支持政策推广到自贸试验区，支持自贸试验区科技型企业发展重大科技创新平台建设，鼓励自主创新示范区与自贸试验区合作建立创新创业孵化联络站，及时跟踪对接相关领域技术创新前沿动态。支持引导自主创新示范区内国家技术转移示范机构、示范性生产力促进中心、大型科技服务机构在自贸试验区内设立工作站，引导自主创新示范区内技术产权交易平台在自贸试验区内设立交易窗口或服务站点，加快推进科技成果转化。

二是推进产业协同布局。加强同类产业及其关联产业协同布局和协调发展，形成要素培育引进、功能载体打造协同机制。有效整合产业项目，共商共建共享，减少重复建设，避免低效竞争。围绕产业链集群发展方向，制定产业协同发展规划，绘制产业分工布局图，建立招商信息共享机制，协同开展产业集群招商、联合招商、配套招商、产业链互补招商。

三是鼓励产业链协同打造。探索飞地经济、总部经济、"研发+制造""保税+"等合作模式，开展研发、设计、运营等核心功能与生产制造相分离的协同发展，有效延伸产业链，实现各区域上下游产业链联动发展。聚焦产业链的关键环节和技术，组建创新中心，开展联合攻关，推进产业链协同研究和产业链协同创新，推动全省产业链的"组链、补链、固链、强链"。建立"一区注册、多区经营"制度，协同探索区域之间利税等利益联结共享办法。通过自贸试验区内外的梯度协同、差异化协同和垂直分工，积极建立"总部+基地""研发+生产""贸易+基地""平台+服务"等产业协作发展模式。形成点线面结合的体系化产业闭环，在更大范围内延展产业链、重塑价值链，提升产业竞争力，形成信息、人才、技术、资本等创新要素自由流通、重组和优化配置的产业集聚带。

四是推动产业融合发展。围绕发展壮大新产业、新业态、新模式等新经济、新动能，构建贸易功能与非贸易功能的深度对接机制。促进保税研发、保税维修、现代物流等功能放大和自贸试验区服务贸易溢出效应，形成区内研发、区外生产，区内维修、区外服务，区内配送、区外加工，区内展示、区外销售等多形态功能联动。

五、协同打造开放发展平台

从全国范围来看，很多地方结合在国家战略中的定位，根据自身发展诉求，积极申建各类开放新平台。如上海自贸试验区临港新片区、海南自由贸易港、北京自贸试验区服务业扩大开放综合试点、海南国际离岸创新创业示范区等，平台建设呈现多样化、差异化、定制化特征。因此，自贸试验区要结合自身发展诉求，积极探索建设开放新平台，积极探索平台联动模式，充分实现功能性平台的信息连通和枢纽调配作用。

一是打造贸易创新发展平台。第一，统筹自贸试验区内外新型国际贸易基地、跨境电商平台、物流运输平台、总部基地、国际供应链创新中心等平台建设。拓展国际贸易"单一窗口"服务领域，支持跨境电商平台企业在自贸试验区内外相关区域多点建设国际转口配送基地，共同打造跨境电商进出口分拨基地。第二，推动区内依法合规建设能源、工业原材料、大宗农产品等国际贸易平台和现货交易市场，健全与国际大宗商品交易相适应的外汇管理制度和海关监管制度。第三，积极引进企业营销中心、分拨中心、结算中心等功能性平台和服务业总部，支持外贸综合服务企业做大做强。第四，推进跨境电商公共服务平台系统建设，打造实体保税展示交易与电子商务相结合的全渠道国际商品交易平台。第五，加快内外贸融合发展，培育内外贸一体化平台，积极申建国家进口贸易促进创新示范区，促进内需和外需、进口和出口协调发展。

二是壮大发展物流平台。交通物流是产业协同发展的支撑与基础，需要推进共建共享交通物流基础设施。第一，整合自贸试验区、保税物流园区、出口加工区、跨境电子商务综合试验区等高水平开放物流资源，提升物流运输效率。第二，借助自贸试验区优势，发展国际水陆空联合物流业务，鼓励国际物流公司合并重组，提升国际物流运输能力。第三，推进电商物流"多仓联动"数字化集运新模式，支持新建一批海外仓、边境仓、中继仓和前置仓。建立健全能够承载"一单制"电子标签赋码及信息汇集、共享、监测等功能的多式联运综合信息服务平台，推进多种运输方式智能协同调度，推动联运企业作业状态、运力资源分布等信息的互联共享。第四，实施国际空港、国际陆港等物流骨干企业信息平台互联互通工程，探索推动跨部门、跨区域、跨运输方式的信息对接和开放共享。

三是积极培育发展创新平台。协同配置创新要素，推动人才、科技、资金、信息等要素资源跨区域流动聚集和协同配置。第一，依托自贸试验区集聚跨境创新资源，鼓励区内外机构联合共建制造业创新中心、工程技术研究中心、重点实验室等公共研发平台，共同开展产业链的核心技术攻关。第二，鼓励自贸试验区在全球先进技术创新区域建立创新创业孵化联络站，及时跟踪生物医药、新一代信息技术、新材料、智能科技等重点领域技术创新前沿动态。第三，统筹推进自贸试验区内外新材料、智能制造、数字经济等重点产业引领性技术的重大创新设备、重大技术创新平台建设，加大国际研发机构、高校研究院、人才培养基地、技术研究中心等创新平台引进力度。改革国资孵化器运行模式，大力发展混合所有制孵化器，吸引国际孵化器。第四，依托自贸试验区开放创新优势，建设科技成果转化中心，培育国家技术成果转移示范机构，通过技术转让、技术许可、技术入股等多种形式加快科技成果转化；建立保税技术产品展示平台、保税知识产权交易所、技术产品出口退税或免税交易平台及专利产品交易保税平台等，提升保税服务能力，助力外贸企业发展。

六、有效推动成熟创新经验复制推广

一是设立自贸试验区的省（市、自治区）要将制度创新纳入专项考核与评估。将自贸试验区的制度创新纳入政府考核机制，强化对片区（区块）制度创新的督查和指导。各自由贸易试验区工作办公室制度创新部门要发挥职能作用，强化制度创新成果的收集、总结、提炼和评审，及时形成制度创新案例成果。二是进一步完善制度创新成果复制推广的体制机制。国家层面要进一步落实部级联席会议制度和司局级联络员制度，省级层面健全自贸试验区工作领导小组及办公室牵头的处级联络员制度，统筹协调各类制度创新案例成果的复制推广工作，省级有关部门要重视与商务部等国家部委的沟通对接，及时了解国家相关部委的最新部署和兄弟省份复制推广工作最新动态，同时完善省、市、县（市、区）的协作推进机制，形成强大工作合力。三是进一步提升自贸试验区创新成果的承接力与转化力。要强化对各级政府及相关部门成果复制推广和制度创新的业务指导，确保改革经验落地生根、产生实效。同时鼓励联动创新区等各区域在复制或借鉴自贸试验区改革经验的基础上，结合自身条件和需求，引进消化吸收再创新，助力自贸试验区发挥示范引领作用，带动更大范围稳步推进制度型开放。

七、建立健全风险防控体系

推进制度型开放需要进行制度创新，但同时也需要加强风险防控。作为在特定区域内实施一系列改革创新措施的试验田，自贸试验区为经济发展提供了更大的自主权和政策灵活性，但自贸试验区的开放性和改革性必将带来一定的风险和挑战。对接国际高标准经贸规则，有可能面临国际贸易投资规则重大变化带来的风险；加快缩短负面清单意味着较高的开放水平，倒逼或主动推行超出自身承受能力的开放措施，也会面临实施国际投资协定带来的风险。实施负面清单模式，外资企业拥有了更大的投资空间和投资自由度，必须优化政府监管职能，实施综合监管，改进全程监管方式等。因此，在推进制度型开放过程中，我们应该统筹开放与安全，建立并不断完善风险防控体系。要坚持管得住才能放得开，将风险防控作为事关成败得失的最关键变量，要处理好利用外资和安全审查的关系，审慎放宽特定行业的外商投资准入，要利用新兴信息技术大力提升监管能力，建立健全安全审查机制和事中事后监管机制，不断提升重点领域和重点行业的审查水平，为自贸试验区制度型开放提供强有力的风险防控保障，共同推动自贸试验区的健康发展，最大限度降低风险带来的不利影响。

第二节　自贸试验区深化制度型开放的主要任务

对标高标准国际规则，探索全方位制度型开放，是深入贯彻落实习近平总书记关于开放工作重要指示精神的具体举措，是推动更高水平开放、构建新发展格局的战略抉择，对探索建立更高水平开放型经济新体制意义重大。各自贸试验区要充分借鉴改革经验，在建立对接和引领国际规则的制度框架、推进有利于区域发展的特色制度试验等方面开展先行先试和制度探索。

一、完善有利于对接和引领国际规则的制度框架

在新一轮制度型开放中，自贸试验区要以投资自由、贸易自由、资金自由、运输自由、人员从业自由等为重点，加大在若干重点领域率先实现突破的制度创新力度，主动探索投资准入、服务贸易、竞争政策、政府采购、知识产权保护、劳工与环境标准等重点领域的制度创新和政策突破，以更好发挥自贸试验区试验田作用、实现国内制度与国际制度的有效对接融合。同时，通过自身发展，根据取得的成功经验，创新并推广形成国际制度，并通过规则和标准的互认、借助国际合作等方式实现制度的外溢，为中国参与全球经济治理创新提供支撑和动力。

1. 传统经贸合作领域

（1）商品贸易。自贸试验区在构建更加自由便利的贸易政策体系方面，可进行以下方面的探索：一是建设高标准国际贸易"单一窗口"，进一步完善和拓展国际贸易单一窗口功能板块。二是依法提升贸易相关文件的透明度水平，最大限度实现各环节的全程无纸化，推进贸易领域证书证明电子化管理。三是持续创新海关监管模式。加快探索实施电子监管、分类监管，对进出口食品、农产品实施"即报即放""即查即放"等通关模式，探索实现邮件、快件、电商及一般贸易全业态业务模式一体化，研究支持企业在自贸试验区范围内开展货物国际中转集拼业务的制度安排，对符合条件的货物出具"未再加工证明"。探索在技术进出口经营活动中依法不再办理对外贸易经营者备案登记，扩大技术进出口经营者资格范围。四是推进智慧口岸建设，提升口岸通关水平。建立口岸通关时效评估机制，实行分类管理时效。扩大自贸试验区口岸单位信息共享、系统对接、数据交换，推进口岸信息无纸化、全链条运转，实现口岸各类设施设备共建共享共用。积极推进智慧口岸物流平台建设，加强与铁路、港口、金融机构等单位的对接和业务协同。五是持续加强与共建"一带一路"国家的海关合作，探索食品农产品等检验检疫和追溯标准国际互认机制。六是开展进口商品展示交易创新试点，优化进口货物的贸易便利化流程。加快航空港经济综合实验区进口贸易促进创新示范区建设。七是利用大数据、区块链、云计算等技术手段提升贸易治理能力和风险防范水平，实现基于区块链技术的跨境贸易数据"上链"，健全商品全球质量溯源体系。

（2）服务贸易。自贸试验区应把服务贸易创新发展作为新一轮改革创新的重点领域，可进行如下方面的制度探索：一是探索实施跨境服务贸易负面清单制度，破除跨境交付、境外消费、自然人移动等服务贸易模式下存在的各种壁垒，消除各种技术贸易壁垒，给予境外服务提供者国民待遇。在告知、资格要求、技术标准、透明度、监管一致性等方面，进一步规范影响服务贸易自由便利的相关规制。二是围绕不同服务贸易模式推进制度集成创新。针对跨境交付，探索分流向、分阶段的电信、数字等领域开放模式，推进知识产权内外规则衔接；针对商业存在，推进服务业市场管理标准的内外对接，实现境外服务贸易企业既准入又准营；对标自然人流动规则，推动人员往来便利化，加强同相关国家开展专业技术人才的资格互认标准对接，开放专业资格考试。三是建立适应服务贸易发展的新型监管服务模式。开展服务贸易海关监管模式创新试点，围绕通关流程进行创新，建立和完善与现代服务贸易特点相适应的海关通关模式，促进服务贸易通关便利化。拓展暂准进口 ATA 单证册制度适用范围；支持区内跨境电子商务发展，出台针对跨境贸易电子商务出口（批发兼零售）的专门监管职责，使之与跨境贸易电子商务进口零售相区别，更加符合跨境出口的业务形态和发展方向。四是构建"互联网+服务贸易"新体系，逐步推进服务贸易数字化。搭建自贸试验区服务贸易综合检测服务平台，通过提供融资、信用担保、税收优惠、政府补贴等综合服务，吸引数字贸易、国际保理、离岸业务等前沿新兴服务贸易企业主体上线。五是创建专业类特色服务出口基地。推进文化、数字服务、中医药服务等专业类特色服务出口基地建设，并以出口基地为载体，发挥出口基地信息、要素和资源集聚优势，提高特色服务贸易产业规模化、集约化水平。推进特色服务出口基地提质升级扩围，完善基地管理制度和促进体系，落实支持基地发展的各项政策措施。六是实施与跨境服务贸易配套的资金支付与转移制度，大力发展跨境贸易金融和跨境供应链金融服务。

（3）投资。要完善对标国际通行规则的投资管理制度，加大压力测试力度，并就准入后管理制度改革推出了若干举措。

未来，自贸试验区应同时注重在投资自由化和便利化方面加大制度创新力度，可进行以下方面的制度探索：一是全面落实外商投资准入前国民待遇加负面清单管理制度，清理外商投资准入负面清单以外领域对外资单独设置的准入限制，放宽注册资本、投资方式等限制。放宽建筑设计、数字创意设计等高端设计类外资机构准入，引导外资积极参与新型基础设施建设。放宽规划、建筑工程、建筑设计、仲裁、会计、知识产权、医疗健康、影视、会展等产业投资准入。支持设立国际研究型医院或研发病床，推进医疗科技领域的项目合作，取消外资准入限制，争取允许外商投资人体干细胞、基因诊断与治疗技术开发和应用。探索允许设立外商独资演出经纪机构，并在全国范围内提供服务。探索允许设立中外合资、中外合作和外商独资文物拍卖企业。进一步放宽外商设立投资性公司的申请条件，降低对外国投资者资产总额的要求，取消对外国投资者已设立企业的数量要求。在农、林、牧、渔业类别下，准入前对内资和外资改良动植物物种、动物饲养、屠宰和经营给予同等待遇。二是开展外商准入地方性法规及规范性文件的"立改废"工作。清理与外商投资负面清单不相符的地方性法规、规章及规范性文件，消除隐性壁垒，降低外商投资准入条件。在负面清单基础上，列明各项措施主管部门和法律法规依据；在负面清单以外的领域，按照内外资一致原则，全面梳理并清理取消未纳入负面清单的当地限制措施。三是推进准入后管理制度创新。推动放开经营模式、牌照、业务范围、经营条件、业务许可等负面清单之外的准入限制措施，推动"非禁即入"全面落实。实行外国投资者主体资格认证减免新模式，允许外国及港澳台投资者免于提交认证、公证文件，缩减境外投资者在区内创办企业时间。允许符合条件的境外投资者自由转移其投资收益，鼓励外汇资本金收入依法用于境内投资或本企业增资。建立外商投资重大项目工作机制，为外商投资企业提供信息资讯、实地考察、对接洽谈、摩擦应对等服务和投诉渠道。四是完善投资争议解决机制。深化落实《中华人民共和国外商投资法》相关规定，依法保障内外资企业平等享受政策、使用资源要素、公平参与竞争。保护外商投资合法权益，加大对外国投资者和外商投资企业知识产权、商业秘密的保护力度。完善外商投资企业投诉处理机制，建立国际化、多元化的投资争议解决机制。

2. 新兴领域

（1）数字贸易。自贸试验区可选择如下领域先行先试：一是放宽数字贸易领域市场准入。进一步放宽外商投资数字贸易行业的准入和股比限制，鼓励符合条件的外资企业提供数字贸易增值服务。争取试点向外资开放国内互联网虚拟专用网业务（外资股比不超过 50%），为在片区外商投资企业提供国内互联网虚拟专用网业务。在确保安全可靠的前提下，积极争取数据中心、云计算等增值电信业务开放，逐步取消外资股比等限制。支持外资企业投资中国电子商务行业，允许外资企业申请电子商务行业相关的特殊许可资质，探索放开对外资股比条件限制。二是探索建立以数据交易流通、数据跨境流动安全管理、数据保护能力认证、数据监管"沙盒机制"等为核心的数字贸易创新发展规则体系。加强知识产权保护、数据跨境流动、数字安全分类监管等制度建设，探索形成货物贸易、知识产权、风险防控等数字贸易国际规则。逐步清除数字产品的关税壁垒。三是推进跨境数据流动自由便利。主动探索数据本地存储和数据跨境传输等国际规则新领域创新，在不涉及国家秘密和个人隐私的前提下，探索特定领域数据非本地化存储。推进跨境数据的有序开放和安全流动，以安全有序为前提，探索国际互联网数据交换和转接等业务，允许符合条件的境外数字企业提供高端化数据处理、数据分析、数据挖掘等数据贸易增值服务。探索国际互联网访问监管新模式，扩大特定人群、特定机构、特定区域的国际互联网访问权限。试点工业领域跨境数据对外开放，为智能制造、人工智能、智能网联汽车、数字贸易等提供跨境数据安全有序流动的便利。四是开展数据跨境流动安全评估试点，建立数据保护能力认证、数据流通备份审查、跨境数据流动和交易风险评估等数据安全管理机制。五是深化跨境数据保护规制合作，促进数字证书和电子签名的国际互认，积极参与构建全球数字贸易双边、区域和多边贸易规则原则等共识机制。六是推动数据分级分类治理，分别对政府、企业和个人数据出台相应管理办法。探索公共数据开放机制，引导社会机构依法开放自有数据，推动政务数据与社会化数据平台对接。七是提升数字贸易服务能力。进一步推动无纸化贸易、电子发票、电子支付的使用。依托郑州数据交易中心，探索创制数据定价、流通方式等交易体系。搭建跨境数据流通公共服务平台，打通支付、"关汇税"通道。探索在跨境数字贸易中应用区块链技术。探索优化对科研机构访问国际学术前沿网站的保障服务。探索建立适应海外客户需求的网站备案制度。八是研究完善数据产权和隐私保护机制。加强个人隐私数据保护，规范个人信息的采集、传输、存储、使用等行为。

（2）跨境人员流动。自贸试验区可借鉴《海南自由贸易港出入境管理条例》

的经验，从以下领域重点推进：一是完善外籍人才出入境制度。在办理人才签证、过境免签、聘雇外籍家政服务人员等方面提供更多便利。要进一步放宽人员自由进出限制，实行更加宽松的商务人员临时出入境政策、便利的工作签证政策。完善电子口岸签证制度。争取 24 小时过境免办边检手续、144 小时过境免签等政策适时落地。二是进一步完善居留制度。在申请永久居留、延长居留期限上，实行更加开放的政策。在自贸试验区工作的外籍及港澳台高层次人才及其配偶、未成年子女，经批准可直接申请办理在华永久居留。进一步简化自贸试验区内已备案的邀请接待外国人单位为外国人办理工作类居留许可的申请手续，缩短外籍高层次人才申办居留许可的审批时限。积极探索外国人工作、居留许可"一件事办理"。三是放宽境外专业人士从业限制，探索推动专业服务业资质互认，允许符合条件的境外专业人员在区内提供执业服务。争取开展技术移民试点，探索建立涵盖外籍高层次人才认定、外籍技术人才积分、外籍创业人才积分等多种渠道的技术移民体系。四是开设人才绿色通道。符合条件的企业聘用的"高精尖缺"外国人才，可享受人才签证、工作许可、社会保障等业务办理便利措施和绿色通道服务。

3. "边境后"领域

（1）国有企业与竞争中性。自贸试验区可在构建公平竞争规则、促进国有企业治理框架等方面进行探索。一是探索国有企业分类管理与改革。探索建立区分国有企业实施商业性活动和非商业性活动的规则体系，分类推进改革和落实市场化改革，推进公益类国有企业的细化分类。二是探索构建公平竞争规则。强化竞争政策的基础性地位，完善行政垄断查处机制，确保各类所有制市场主体在要素获取、标准制定、准入许可、经营运营、优惠政策等方面享受平等待遇。探索对国际经贸规则中国有企业条款进行先行先试，合理界定竞争性国有企业和公益类国有企业的具体分类标准。推动构建公平竞争审查制度和争议解决机制。探索建立公平竞争市场环境指标体系，建立第三方评估机制。建立违反公平竞争问题反映和举报绿色通道，加强反垄断和反不正当竞争执法。三是推动国有企业遵守透明度原则。进一步健全国有企业信息披露制度，指导和督促国有企业做好信息公开工作，提升国有企业信息透明度。大型国有企业应按照国际标准接受年度独立外部审计，上市公司应该按照国际标准披露财务信息和非财务信息。四是规范政府补贴政策。逐步减少和取消专门针对国有企业的补贴和各种优惠政策，调整不符合国际经贸义务的非商业援助。对国有企业按其功能和目标进行分类，公益性国有企业可以享受政府公开透明的财政补偿；商业类（一般竞争类）国有企业，应该与非国有企业（民营企业和外资企业）享有完全平等的待遇，不再享有任何额外补贴和利润返还。探索将服务贸易和国际投资纳入国企非商业援助的范围。

（2）政府采购。自贸试验区在政府采购方面主动推进的制度创新案例不多，要对标高标准国际规则，可从以下方面争取突破：一是逐步开放政府采购市场。分行业、分领域开放政府采购市场，探索对标国际标准设立独立的政府采购仲裁机构。制定政府采购负面清单，逐步完善网站建设及信息公开机制。探索建立政府采购供应商统一认证制度，加快制定支持中小企业参与政府采购的具体实施方案，降低中小企业参与门槛。二是建立健全政府采购监管机制，制定详细的信息公开程序和政府采购审查程序，保障政府采购的公平性、廉洁性和透明性，提升政府采购过程的市场化程度，保障参与企业不会因为非产品质量问题受到差别待遇。政府采购中对国外供应商秉持国民待遇和非歧视原则。给予国外供应商或外资控股、联营供应商国民待遇，不得因其提供的货物或服务属于其他缔约方而对其进行歧视。三是逐步完善政府采购活动的有关技术标准，探索服务类和较为复杂项目的履约评价方法，完善采购过程中的征信数据库，推动政府采购合同监管创新。四是建立和完善政府采购电子化标准规范等措施，将所有采购实体和供应商信息的招标、物流、采购等过程中发生的资金流、货物流、服务流的信息及时上传到信息管理系统中，增加监管过程的信息技术含量，使用信息技术、大数据技术作为重要的技术支持，及时监管采购活动过程中的数据信息。五是延长政府采购中投标的截止期限至国际最高标准，除特殊情况外不得少于自公布之日或受邀请之日起的40天。

（3）知识产权。自贸试验区应提升知识产权保护的法制化水平，把知识产权保护作为优化法治环境建设的重要内容。一是构建大保护格局。从行政执法、司法保护、仲裁调解、行业自律、公民诚信等环节完善知识产权保护体系，加强协同配合，构建大保护格局。二是健全知识产权快速协同保护机制。完善跨部门、跨区域的知识产权案件移送、信息通报、配合调查等机制，研究制定符合知识产权案件规律的诉讼规范，形成与国际接轨的高标准知识产权保护体系。三是发挥保全的制度效能，推进知识产权案件繁简分流，提高知识产权司法救济的及时性和便利性。四是构建知识产权侵权惩罚性赔偿机制。加大知识产权侵权惩罚力度，建立健全知识产权领域市场主体信用分类监管、失信惩戒等机制。五是探索商业秘密、中医药等知识产权保护机制，支持境外企业或个人按照国内商标相关规定申请商标注册和相关业务，推行进出口货物知识产权状况预确认制度，缩短通关环节的知识产权确权时间。率先在数字产权保护、医药数据保护期、新型商标等热点知识产权保护领域制定更高的保护标准，建立重点企业知识产权保护直通车制度，开展新型知识产权法律保护试点，探索人工智能、互联网信息、生命信息等新类型数字化知识产权财产权益法律保护新模式。加强对生产、使用侵权设备或去除权利管理信息相关行为等的处罚。在自贸试验区范围内对新药上市中已获批药物的新效用及配方、给药方法等相关支持信息的保护期提供与国际最高标准同等水平或更高水平的保护。六是推动知识产权服务体系建设。建立多元化知识产权争端解决与维权援助机制，构建知识产权保护的社会参与机制，打造知识产权公共服务平台，完善知识产权服务全产业链。支持国家知识产权运营公共服务平台交易运营（郑州）试点平台建设成为国际化知识产权综合枢纽交易运营平台。打造海外知识产权纠纷应对指导平台，加强海外知识产权风险预警、纠纷应对和维权援助机制建设。先行先试区块链技术在知识产权保护方面的应用，加大对区内知识产权密集型行业企业的培训及服务工作，引导企业规避多国法律框架下的知识产权保护与抢注等风险。

（4）中小企业发展。自贸试验区充分认识到了中小企业在经济发展中的地位和作用，在推进中小企业创新发展方面采取了一系列举措，包括为中小企业提供融资支持、搭建公共平台、加强对话交流等。未来，应着力在中小企业服务机制建设、增强中小企业创新能力等方面取得新突破：一是加强中小企业服务机制建设。提高中小企业公共服务效能，完善中小企业管理体系，推进中小企业公共服务平台建设，为中小企业提供监管和服务，帮助中小企业创造更多商业机会、解决国际经济合作中的争端。二是促进中小企业融资便利。推动金融创新，为中小企业建立完善的融资渠道，提高中小企业获得银行贷款和政府优惠政策的便利性，降低中小企业融资成本。三是强化中小企业研发创新能力。提升中小企业信息化应用水平。大力支持创新型、科技型中小微企业附着各产业园区进行依附式科研服务，承接企业项目化技术更新与产品迭代业务。支持中小企业参与中小企业国际创新联盟，搭建创新合作交流平台，引导外部智库、海内外专家、业界精英与成长型中小企业、创新创业带头人建立常态化互动联系。全面落实政府采购促进中小企业创新发展的相关措施，扩大对自贸试验区内中小企业创新产品的采购范围。建立中小企业创新成果展示中心，提升中小企业产品营销能力、对接战略投资资源的能力。四是推进中小企业海外园区建设，发挥园区作为引进先进技术、管理经验和高科技人才的载体和示范作用。五是完善中小企业治理。推进中小企业建立合理的福利制度与人事管理制度，改善中小企业工作环境，提升中小企业国际市场竞争力。

（5）环境保护。自贸试验区可以在以下方面先行先试：一是构建和完善绿色贸易法律制度，适当提高工业生产、产品加工等领域的环境标准，对绿色企业和产品给予税收优惠和补贴，尤其在申请削减环境商品和服务贸易壁垒方面先行先试，引导企业承担环境保护的社会责任。二是加强环境监管，明确环境监管的责任主体、监管对象，明确区分监管的权责范围，使环境监管有法可依，执法公平严格。三是鼓励在环保领域制定和使用自愿性机制。建立和促进环境保护的自愿性机制，鼓励政府采用自愿审计报告、基于市场的激励措施、信息和专业知识的自愿分享、公私合作关系等自愿性机制保护自然资源和环境，并持续改善此类机制的评价标准。四是完善企业环保信用评价制度，探索制定地方低碳技术规范和标准，推行产品碳标准认证和碳标识制度。五是推进绿色采购制度化。强化政府采购过程中的环境审核、环境影响评价，确定政府采购的社会价值标准，制定清晰的绿色采购目标范围和绿色产品占比，将绿色公共采购和对社会负责任的公共采购结合，设置第三方政府采购绿色评估平台，强化政府采购监管委员会的监管职能，严惩违背绿色采购法规的实体行为或供应商行为。

（6）劳工权益。自贸试验区应加大劳工规则先行先试力度，引导区内企业主动适应国际劳工规则。一是争取国家允许修订促进和谐劳动关系的相关地方法规，探索适应新业态、新产业发展需要的特殊工时管理制度，适时扩大适用行业和工种岗位范围。二是加大对劳工权益保护的执行力度，建立健全劳资纠纷解决机制，赋予工人参加集体谈判或权益保护的集体活动的权利。三是引导企业主动提高劳工保护水平，在最低工资、工作时间、职业安全、工作条件等方面规范自身劳工管理，履行社会责任；在参与国际交易时，合规生产经营，持续稳健发展。

4. 行业规则标准

自贸试验区应立足区域经济发展需要，加大对企业标准化工作投入的补助，加强新兴行业、重点领域规则标准探索，培育、发展和推动优势特色标准成为国际标准，力争引领国际经贸新规则。一是推进数字经济标准体系建设。加快数字化共性标准、关键技术标准制定和推广，鼓励科研机构、行业协会、产业联盟、企业等参与制定数字经济国际规则、国际标准、国家标准、行业标准和地方标准，自主制定数字经济团体标准、企业标准。在数据生成、确权定价、流通交易、安全保护等方面制定地方性法规和标准规范，探索建立数据要素高效配置规则体系。探索数据服务采集、脱敏、应用、交易、监管等规则和标准，推动数据资产的商品化、证券化。探索源代码、算法等信息技术领域知识产权定义及保护范围，研究基于公共目的的数字知识产权豁免条款。探索构建数据隐私保护标准和体系，保护个人信息不受侵犯，保证个人和企业数据在使用过程中产生的利益进行合理合法分配。二是对标 CPTPP 中 TBT、SPS 规则，探索推动技术标准升级，推进出口产品标准化发展。三是持续推进跨境电商交易全流程创新，探索构建电子商务新规则，推动数字贸易认证等措施试点。制定包括海关关税、数码环境、电子交易授权、消费者保护、本地化要求等内容的互联网交易规则。积极参与跨境电商国际规则与标准制定。四是加强制造业先进标准供给，构建河南制造标准体系，组建产业技术标准创新联盟。在标准、技术法规和合格评定程序中减少不必要的技术性贸易壁垒，推动标准化机构加强标准、技术法规及合格评定程序方面的国际信息交流与合作。五是深入推进陆上贸易规则探索。强化铁路运输单证物权化试点与多式联运规则等有效对接，推动形成完整规则体系。创新多式联运服务规则，扩大铁海联运"一单制"试点范围，逐步建立和完善全程服务模式。建立西部陆海新通道集装箱共享分拨体系，探索海运集装箱和铁路集装箱的共享和调拨规则。争取修订相关国家标准、行业标准，制定多式联运提单签发、流转等相关操作规范和行业标准。丰富和完善对铁路提单融资实践的支持细则，重点在确权、单据流转、背书转让等环节的保障。加强跨境跨区域协作，在多式联运、保险、理赔等方面进行法律研究，在条件成熟的情况下，推动相关商贸、运输等国际法律条文的修订。探索多式联运基础设施、运载单元、专用载运工具、信息交换接口等地方标准和团体标准。

二、推进有利于区域发展的特色制度试验

为推动经济社会更高质量、更可持续发展，各省推出各具特色的自贸试验区发展战略。例如河南提出全面实施"十大战略"的要求。"十大战略"为自贸试验区推进有利于区域发展的特色制度试验指出了方向。总体上，自贸试验区制度创新与河南省"十大战略"的契合度较高，尤其是在创新驱动、优势再造、换道领跑、文化产业发展、制度型开放与全面改革方面，自贸试验区充分发挥了改革开放创新高地的示范和引领作用。未来，各地的自贸试验区需要立足自身功能定位，持续推进制度创新，为全省的发展战略提供更多动力，发挥更大作用。以下我们列出几种有利于区域发展的特色制度试验，供参考借鉴。

1. 枢纽经济

对于有交通区位优势的自贸试验区而言，推动交通区位优势向枢纽经济优势转变是优势再造战略的重要组成部分。例如，自贸试验区在打造物流、交通枢纽方面进行了大量改革创新。未来，各自贸试验区需要进一步深度融入共建"一带一路"，进一步构筑辐射全球的货运航线网络体系，构建通达全球的陆上丝绸之路通道体系，继续推广多式联运一单制等创新模式，提高陆海衔接水平。以河南自贸试验区为例，未来可考虑：一是打造郑州国际航空枢纽，实现航空物流和上下游产业集群化发展。积极寻求国际合作，完善航空港周边基础配套设施，鼓励国内外航空运输服务企业在河南自贸试验区设立区域总部或营运中心，建设具有物流、分拣和监管集成功能的航空货站，打造区域性航空总部基地和航空邮件、快件国际枢纽中心。完善航空物流枢纽信息系统，深化航空电子货运试点，探索对标国际航空货运标准体系。建设国际航空配套服务体系，支持实施国际航班旅客及行李通程联运。支持河南机场集团着力打造大体量、高效率、多功能、智能化的航空超级货站，积极引进大型物流企业集聚发展。二是构建通达全球的陆上丝绸之路通道体系。加快打造国际铁路通道和国际铁海联运通道，加快中欧班列（郑州）集结中心示范工程建设；持续完善"四向拓展"网络节点布局，提升班列服务标准和办理产品体系；加大班列营销及货源集结力度，提升班列增值服务功能和品牌竞争能力，确保综合运营指标全国领先。打造境外物流集疏中心，推动贸易一体化发展。推进与亚欧枢纽城市互联互通，打造境外物流集疏运中心，与沿线城市开展口岸通关、认证认可、物流数据交换服务、运输安全等方面合作，推动运贸一体化发展。鼓励国内外航空运输服务企业在自贸片区设立营销中心，稳定开行中欧（中亚）国际货运班列、海铁联运班列。三是推进海上丝绸之路无缝衔接。着力推动海上丝绸之路无缝衔接，积极发展铁海联运、河海联运，提高通江达海能力，持续提升河南省铁海联运量和河海联运量；加大对铁海联运集装箱重箱、重大物流项目等的支持力度；深化与中铁联合国际集装箱有限公司等企业的战略合作，打造铁海联运枢纽网络核心节点。

2. 绿色发展

绿色发展是各省实施绿色低碳转型战略的核心要义。各省要以推进碳达峰、碳中和为牵引，坚持绿色生产、绿色技术、绿色生活、绿色制度一体推进，全面提升能源安全绿色保障水平，建立健全绿色低碳循环发展的经济体系。例如，自挂牌以来，自贸试验区重点探索了绿色监管和考核、绿色生产、打造绿色营商环境等。未来，各自贸试验区可以加强以下领域的制度创新：一是探索绿色供应链标准体系。大力发展绿色进口贸易，引导海外低碳产品、节能产品、绿色产品进口。加强绿色信息体系建设，提供绿色评级服务，推动制定碳足迹认证标准。二是集聚发展绿色产业。推动绿色技术创新，加快发展绿色设计、绿色制造、绿色包装、绿色物流等绿色业态，推动绿色生产标准向原材料采购、生产工艺流程、加工制造设备、产品包装、物流营销等产业链各环节延伸覆盖，探索绿色产品认证。实施节能减排"领跑者"制度。积极推动新能源、节能环保材料、新能源汽车等产业发展，推动绿色建筑、绿色交通的广泛应用，鼓励绿色消费。三是打造绿色金融体系，以金融支持绿色产业发展和支柱产业绿色化改造。完善绿色金融发展政策制度框架，建设绿色金融多元组织体系，探索和加强绿色金融体制机制创新。强化绿色金融发展支撑保障体系，创新绿色金融产品和服务。鼓励银行业金融机构设立绿色金融事业部、绿色金融业务中心、绿色金融专营分支机构等。开展地方性法人银行业金融机构绿色金融评价工作。加强绿色金融项目储备。支持符合条件的金融机构发行绿色金融债券。建立绿色贷款服务平台，加强绿色信贷供需匹配。加快发展绿色基金、绿色融资租赁等绿色金融业务。推动设立市场化运作的绿色产业担保基金，为绿色信贷和绿色债券支持的项目提供担保。在自贸试验区试点开展绿色信贷贷款保证保险，依法依规探索建设环境权益交易市场。

3. 数字经济

数字化转型战略要求突出数字化引领、撬动、赋能作用，加快构建系统完备、高效实用、智能绿色、安全可靠的新型基础设施体系，壮大数字经济核心产业，推进传统产业数字化改造，全面提升数治能力。各自贸试验区未来可在推进传统产业数字化改造、壮大数字产业、建立数字经济创新引领的先行区方面加大制度创新力度。一是创新发展数字贸易。重点发展软件、算法、通信、社交媒体、搜索引擎、云服务、北斗服务、数据分析等数字信息技术贸易，积极发展数字游戏、数字动漫、数字音乐、网络视频、数字出版等数字内容产品，创新发展互联网医疗、网络教育、电子竞技、数字创意等数字业态。推进云计算、移动支付、金融科技、数字内容等领域扩大开放，推动数字服务、数字内容、数字技术相关产业集聚，提升自贸试验区数字内容产品竞争力，推进国家数字服务出口基地建设。鼓励跨境电商企业建设国际转口配送基地，依法与结算银行、支付机构开展人民币计价、结算。试点开展寄递渠道进口个人物品数字清关模式，推进药品及医疗器械跨境零售进口。完善跨境电商进口退货处理机制，开展海关特殊监管区跨境电商出口商品退货试点。探索开展全球库存同仓存储、自由调配，实现内外贸货物、退换货商品一仓调配。二是突破数字经济关键核心技术。加速推进新一代信息通信技术突破，做好软件基础技术、通用技术、前沿技术等研究，充分发挥郑州国家互联网骨干直联结点功能，重点发展大数据采集、存储与管理、分析与挖掘、展现与应用、安全及数据流通与交易等业务，推动云计算业务创新和服务模式创新。三是加快推动数字产业化。创新数据产业化应用场景，逐步推动向医疗健康、交通物流、智慧城市、消费金融等领域延伸。提升服务水平，打造覆盖数据存储、托管、计算、监管、运营、投资等全流程、全链条数据产业化服务体系。超前布局6G、量子通信、脑科学、虚拟现实等前沿技术，全面提升数字经济技术创新能力。四是积极推进产业数字化。积极推动在操作系统、工业软件、集成电路、高性能服务器等领域取得突破，为产业数字化应用场景提供软硬件支撑。探索5G技术在信息基础设施、智慧交通、能源电力、医疗等领域的推广应用。推动新一代信息数字技术与制造业深度融合，实施智能制造赋能工程，推进制造业数字化、网络化、智能化升级，面向重点行业应用需求，建设一批智能工厂和数字化车间。以大数据安全、云安全、网络信息安全、智能终端控制系统安全等为重点，研发信息安全产品和解决方案，加快培育和完善信息安全产业链。支持传统工厂开展数字化改造，推动工业数据分类分级、采集、汇聚、共享和数据管理能力成熟度评估工作，提升工业企业数字化水平，打造智能制造标杆工厂。引导扶持企业实施智能化改革工程，重点实施以传统制造装备联网、关键工序数控化等为重点的技术改造，加快发展智能化基础制造与成套装备，建设智能生产线、智能车间和智能工厂。五是加快建设数字经济共享平台。推进工业互联网建设，打造国际领先的工业互联网功能转化平台、数字经济产业链，推进标准实验室、高质量工业数据集和工业算法库、工业互联网标杆园区和"两业融合"创新示范项目。强化工业智能融合创新场景示范应用，打造一批数字工厂。加快发展在线新经济，培育一批以在线、智能、交互为特征的龙头企业，发展高端化数据处理、数据分析、数字挖掘等数据增值服务。

4. 国际供应链建设

国际供应链发展是衡量一国产业竞争力和国际合作能力的重要指标。近年来，美国、欧盟、日本等国家或地区大力推进国际供应链网络发展，并作为国家产业布局和国家战略的重点；供应链发展也在高标准国际协定中有所体现，如CPTPP强调了供应链建设，旨在促进区域经济一体化。改革开放以来，中国通过贸易投资，已深度融入全球产业链供应链中，已处于全球产业链网络的枢纽与核心地位，但产业链供应链不稳、不强、不安全隐忧显现，遭受外部冲击的脆弱性和敏感性日益凸显。最近一个时期，全球产业链本土化、区域化、短链化重构加速，美国等西方国家加快推进"去中国化"战略，对中国产业链供应链安全构成重大挑战。中国已经把保障产业链供应链安全作为重大战略任务，党的二十大强调"着力提升产业链供应链韧性和安全水平"。因此，加强安全高效的国际供应链建设已成为新时期自贸试验区的重大制度创新任务。

各自贸试验区要推进内需规模优势向产业链供应链协同优势转变。要充分发挥交通物流优势，统筹推进四条丝绸之路建设，加强与共建"一带一路"国家贸易投资合作，加强国际产能合作，深入融入全球产业链供应链体系。一是构建优势主导产业对外合作产业链供应链。利用 RCEP 累计原产地规则，构建 RCEP 区域产业链供应链。实施产业国际竞争力调查和评价工程，跟踪发布重点产业链供应链安全监测报告。积极开展与世界各国的资源合作，指导中小企业参与国际合作，解决中小企业融资难问题，加大对中小企业参与国际合作的援助。二是共建安全稳定的产业链供应链。聚焦新一代信息技术、航空航天、生物医药等领域，培育跨区域一体化发展的产业集群，合作构建安全稳定的产业链供应链。优化现代服务业、先进制造业和战略性新兴产业布局，创建联合开发、优势互补、利益共享、风险共担的产业协作联合体。探索境内境外"双园区"运营模式，搭建经贸合作、市场要素配置的新平台。三是强化"一带一路"供应链服务保障。发挥空港枢纽优势，加强与东南亚、中亚、欧洲等地区经济技术合作，围绕重点行业产业链供应链关键原材料、中间品、技术和产品，拓展其他可替代供应渠道，促进形成供应链多元化格局。积极引进国内外知名第三方物流、供应链管理、仓储运营服务集成商、快递公司等大型物流企业，鼓励其在自贸试验区设立总部、分拨中心、运营中心、结算中心等。搭建智慧供应链体系，建设面向"一带一路"的供应链管理中心，拓展质量管理、追溯服务、金融服务、研发设计等功能，提供采购执行、物流服务、分销执行、融资结算、商检报关等一体化服务。探索建立跨境贸易大数据监管平台，加强贸易链、供应链、物流链数据采集。四是促进跨境电商高质量发展。推进电商物流产业发展，促进国际供应链建设。探索实行"物流专线+海外保税仓""物流仓储集运+海外保税仓"等混合式跨境物流方式。加快 E 贸易核心功能集聚区建设，培育一批进口商品直销平台。实施多元海外仓网络拓展行动，支持企业建设海外仓或海外独立站，促进海外仓共建共用共享，扩大"跨境电商+海外仓"模式出口。支持对跨境电商出口海外仓的货物落实出口退（免）税政策。支持跨境电商进口企业扩大海外商品采购，打造辐射全国的网购商品集疏运分拨中心。完善通关、退税、结汇等制度层面政策供给，探索离岸电商制度。

5. 离岸经济

离岸贸易在我国外向型经济发展中日益受到重视。国务院办公厅《关于加快发展外贸新业态新模式的意见》（国办发〔2021〕24 号）提出，要稳步推进离岸贸易发展，在自贸试验区进一步加强离岸贸易业务创新，支持具备条件并有较强竞争力和管理能力的城市和地区发展离岸贸易。海南、广东、上海、江苏、浙江等自贸试验区（自由贸易港）都把离岸贸易作为推进贸易高质量发展的重点内容。

各自贸试验区未来可考虑聚焦离岸贸易，以离岸贸易带动离岸金融发展，探索打造离岸贸易试验区。一是完善金融支持离岸贸易发展的相关举措，助力自贸试验区发展新型离岸国际贸易业务。争取上级部门支持已取得离岸银行业务资格的中资商业银行总行授权自贸试验区内分支机构开展离岸银行业务。争取复制上海自贸试验区等地自由贸易账户政策，为离岸贸易企业提供汇兑便利，培育一批离岸贸易结算标杆企业，推动实现真实性审核从事前审查向事后核查转变。支持商业银行进一步提高对人民币离岸经贸业务和外汇离岸贸易业务的资金流动便利度。二是参考借鉴中国香港、新加坡、迪拜等地区的税收做法，争取上级部门支持自贸试验区实施具有国际竞争力的税收制度，推动离岸业务发展和产业集聚。三是鼓励跨国公司地区总部开展高技术含量、高附加值的离岸服务贸易、技术贸易等离岸业务发展。优化资金跨境结算等便利化制度环境，加快集聚跨国贸易中间商，鼓励区内企业开展真实、合法的离岸转手买卖业务。支持国际企业建立离岸研发中心，推动研发业务外包，支持开展境内外孵化器双向孵化。鼓励内外资以离岸方式参与整合产业链，发展高端离岸生产和制造业。四是支持企业发展全球或区域贸易网络，探索资金流、货物流、订单流分离背景下的离岸贸易业务模式，培育高技术含量、高附加值的离岸服务外包、离岸技术研发和离岸金融等离岸业务，逐步建设区域性订单分拨中心、资金结算中心和供应链管理中心。运用大数据等技术，实现物流和监管信息全流程采集，打造区域性离岸贸易中心。五是着力解决影响离岸贸易发展的制度型障碍，建立部际联席会议机制，加强政策协调，为要素自由流动提供有力支持，实施包容审慎监管；促进数字经济赋能离岸贸易发展，推动形成更加先进、高效的业务发展模式。

6. 金融开放创新

我国金融业对外开放不断扩大，为推进金融开放创新提供了坚实支撑。"十四五"期间，全国各地自贸试验区都在加强金融领域的改革探索，主要聚焦于金融开放、跨境结算便利化、人民币国际化及新型金融服务方面；并且以资金自由流动为目标，进一步实施更有利于资金便利收付的跨境金融管理制度体系。一些自贸试验区迈出的步子更大，如浙江自贸试验区正在争取国家数字货币试点，允许境外个人和企业定额兑换、流通使用数字货币，并将其探索应用于大宗商品期现交易中。辽宁自贸试验区沈阳片区、黑龙江自贸试验区黑河片区也提出了开展数字货币试点的举措。陕西自贸试验区"十四五"规划提出，开展数字人民币试点工作，实现特定场景下的封闭可控运行，促进支付方式多元化、普惠化。天津自贸试验区也在积极争取数字人民币运用试点。对此，要加强跟踪研究，结合河南实际适时提出创新举措。

　　未来各自贸试验区可考虑在以下方面着力加强：一是深化金融服务对外开放。推动与投资有关的资金便利支付和转移，加大对跨境贸易和新型国际贸易的跨境支付便利化。试点开展新金融创新服务，探索支持有效防控金融风险的沙盒监管机制，在保留国内金融机构业务规制的基础上，避免歧视性监管。以资金自由流动为目标，试点开展本外币一体化资金池业务，进一步实施更有利于资金便利收付的跨境金融管理制度体系。二是创新人民币跨境使用。坚持本币优先，充分发挥人民币跨境使用在支持企业规避汇率风险、促进贸易投资便利化的作用。深入开展贸易投资便利化人民币结算试点，为优质企业提供更加便利化的跨境人民币金融服务。鼓励和支持能源、粮食等大宗商品贸易和境外承包工程等重点领域优先使用人民币结算，不断扩大人民币在贸易投资中的使用。支持在依法合规的前提下为跨境电子商务、市场采购贸易方式、外贸综合服务等贸易新业态相关市场主体提供跨境人民币收付服务。大力开展跨境人民币贷款业务，降低企业融资成本。三是强化金融服务实体经济功能。设立专项股权投资基金、风险投资基金等，对产业规划中的重点发展行业、有较强技术优势和发展潜力的中小型企业进行资金支持。打造国际结算类区域金融中心，支持特许兑换公司、非银行支付机构在自贸试验区设立分支机构，探索建立电子商务国际结算中心、电子票据交易结算中心，以及各种银行间业务结算中心和清算中心，鼓励离岸业务持牌银行增设离岸金融业务中心，鼓励跨国公司设立财务中心、结算中心，开展离岸贸易、离岸结算等业务。加快期货市场国际化进程，发挥自贸试验区在交割仓库、仓储物流、金融服务等方面的政策优势，为成熟期货品种引入更多境外交易者，优化境外交易者从事期货交易外汇管理的开户、交易、结算和资金存管模式，建设以人民币计价、结算的国际大宗商品期货市场，形成境内外交易者共同参与、共同认可、具有广泛代表性的期货价格。四是推动金融数字化智慧化转型。加快以大数据、互联网为核心的金融科技发展和金融创新应用，支持构建涵盖银企对接、征信评级、助贷服务、贷后监控、风险处置、信用建设等功能的智慧金融平台体系，积极创建金融集成电路（IC）卡"一卡通"示范区。

7. 科技创新

各自贸试验区要将创新摆在发展的逻辑起点、现代化建设的核心位置，做强创新平台，壮大创新主体，集聚创新人才，完善创新制度，优化创新生态。下一步应聚焦国际创新要素共享，着力解决制约科技创新的深层次制度和政策障碍。一是构建便捷高效的创新要素出入境通道。提升与全球创新网络节点的交流可达性。为研发、执业、参展、交流、培训等高端人才提供签证便利。争取国家支持，简化研发用途设备和样本样品进出口手续，优化科技创新企业非贸付汇办理流程，下放技术进出口合同登记业务权限，探索科技研发耗材零件进出口、技术展示设备设施保税政策等贸易便利化措施。探索在海关特殊监管区域建设保税创新园区。二是探索建立"离岸研发、就地转化"的产学研合作机制。完善制造业创新生态，建设国家科技成果转移转化示范区，探索建立研究开发、成果转化容错保护机制。探索实施境外人才个人所得税税负差额补贴政策、境外高端紧缺人才奖励政策。支持自贸试验区及其扩展区域启动国际人才港建设。三是促进产业链创新链融合发展。围绕产业链部署创新链，持续健全科技创新与产业发展协同对接机制，推动创新全面服务产业发展。围绕创新链布局产业链，建立健全"众创空间+孵化器+加速器+园区"孵化服务体系，建立以市场化机制为核心的成果转移扩散机制，推动科技成果首次商业化应用和产业化，催生"人工智能+""工业互联网+""创新设计+"等硬科技产业新业态。

参考文献

［1］常思纯．日本主导 CPTTP 的战略、动因、影响及前景［J］．东北亚学刊，2019（3）：58-70，149-150.

［2］常娱，钱学锋．制度型开放的内涵、现状与路径［J］．世界经济研究，2022（5）：92-101，137.

［3］陈福利．外商投资法开启中国制度型开放新征程［J］．中国人大，2019（8）：41-42.

［4］陈霜华．发挥自贸试验区优势率先探索向制度型开放转变［J］．科学发展，2020（5）：53-63.

［5］迟福林．以高水平开放促进深层次市场化改革［J］．经济研究信息，2020（6）：18-19.

［6］崔庆波，邓星，关斯元．从扩大开放到制度型开放：对外开放平台的演进与升级［J］．西部论坛，2023（1）：42-58.

［7］崔卫杰．制度型开放的特点及推进策略［J］．开放导报，2020（2）：36-43.

［8］戴翔，张二震．"一带一路"建设与中国制度型开放［J］．高等学校文科学术文摘，2020（1）：121-122.

［9］东艳．制度摩擦、协调与制度型开放［J］．华南师范大学学报（社会科学版），2019（2）：79-86，192.

［10］［美］傅高义．邓小平时代［M］．冯克利译．北京：生活·读书·新知三联书店，2013.

［11］高鹏飞，辛灵，孙文莉．新中国 70 年对外直接投资：发展历程、理论逻辑与政策体系［J］．财经理论与实践，2019，40（5）：2-10.

［12］关于在有条件的自由贸易试验区和自由贸易港试点对接国际高标准推进制度型开放的若干措施［EB/OL］．［2023-06-29］．中华人民共和国中央人民政府，https：//www.gov.cn/zhengce/content/202306/content_6889026.htm.

［13］郭若楠．自贸试验区推动制度型开放的实现路径研究［J］．齐鲁学刊，2022（5）：119-129.

［14］韩剑．以制度型开放引领高水平对外开放［J］．群众，2023（2）：34-35.

［15］江小涓．制度变革与产业发展：进程和案例研究［M］．北京：北京师范大学出版社，2010.

［16］江小涓．中国开放30年：增长、结构与体制变迁［M］．北京：人民出版社，2008.

［17］江小涓．中国开放三十年的回顾与展望［J］．中国社会科学，2008（6）：66-85.

［18］江小涓，孟丽君．内循环为主、外循环赋能与更高水平双循环——国际经验与中国实践［J］．管理世界，2021（1）：1-18.

［19］江小平．WTO《贸易便利化协定》在中国的实施及展望［J］．国际经济合作，2021（2）：20-23.

［20］开放高地起高峰（河南自贸试验区这五年）［EB/OL］．［2022-04-01］．大河网，http：//newpaper.dahe.cn/hnrb/html/2022-04/01/content_557854.htm.

［21］李春耕．"改革开放40周年"学术研讨会综述［J］．中国井冈山干部学院学报，2019，12（2）：137-144.

［22］李大伟．新发展格局下如何推进制度型开放［J］．开放导报，2020（6）：31-38.

［23］李稻葵等．中国的经验：改革开放四十年的经济学总结［M］．上海：上海三联书店，2020.

［24］李芳．我国自贸试验区知识产权保护与利用的一些参考［J］．中国海关，2021（12）：88-89.

［25］李国学，东艳．国际生产方式变革、国际经济规则重塑与制度型开放高地建设［J］．学海，2020（5）：21-30.

［26］李善民．中国自由贸易试验区发展蓝皮书（2020—2021）［M］．广

州：中山大学出版社，2021.

［27］李思敏．制度型开放与自贸试验区金融高质量发展［J］．南方金融，2019（12）：3-7.

［28］李秀香等．WTO规则：解读与运用［M］．大连：东北财经大学出版社，2020.

［29］梁丹，陈晨．我国推进制度型开放的现实逻辑与路径选择［J］．学习论坛，2023（1）：111-118.

［30］梁修琴．从政策型开放向制度型开放转变［J］．锦州师范学院学报（哲学社会科学版），2003（3）：69-71.

［31］林润辉，陆艳红，李亚林等．全球创新链测度体系研究［J］．研究与发展管理，2022，34（1）：71-80.

［32］林中梁，王崇敏，王琦等．WTO改革与国际经贸规则重构：WTO法与中国［M］．北京：知识产权出版社，2021.

［33］刘斌，崔楠晨．数字贸易规则与中国制度型开放：未来向度和现实进路［J］．中国特色社会主义研究，2022（2）：31-41.

［34］刘航，孙早，李潇．自贸试验区制度型开放推动高新技术企业脱虚向实的机制与对策［J］．国际贸易，2023（1）：31-39.

［35］刘晓华．RCEP签署协议过程中我国的角色定位与未来发展应对［J］．对外经贸实务，2020（5）：53-56.

［36］卢进勇，闫实强．中国对外投资促进与服务体系建设的演进、成绩和前景展望［J］．国际贸易，2012（1）：18-22.

［37］陆江源，杨荣．"双循环"新发展格局下如何推进国际循环？［J］．经济体制改革，2021（1）：13-20.

［38］马建堂，赵昌文．更加自觉地用新发展格局理论指导新发展阶段经济工作［J］．管理世界，2022（11）：1-6.

［39］聂平香，乔睿．双循环新发展格局下推动我国稳外资的思路及建议［J］．贵州社会科学，2021（4）：101-109.

［40］聂新伟．制度型开放：历史逻辑、理论逻辑与实践逻辑［J］．财经智库，2022（2）：93-124，146-148.

［41］裴长洪，彭磊．中国开放型经济治理体系的建立与完善［J］.改革，2021（4）：1-14.

［42］全毅．中国对外开放进程与实践创新［J］.南海学刊，2021（1）：2-12.

［43］石静霞．数字经济背景下的WTO电子商务诸边谈判：最新发展及焦点问题［J］.东方法学，2020（2）：172-186.

［44］孙恒有，聂欢．双循环新发展格局下中国自由贸易试验区体制机制创新的瓶颈与对策［J］.对外经贸实务，2021（5）：10-13.

［45］孙玉琴，赵崔莉．中国对外开放史（第3卷）［M］.北京：对外经济贸易大学出版社，2012.

［46］孙元欣．中国自由贸易试验区发展研究报告（2021）［M］.上海：格致出版社，上海人民出版社，2021.

［47］屠年松，张月明．中国参与国际循环的历程、特征与再定位［J］.西南大学学报（社会科学版），2022（7）：85-93.

［48］王旭阳，肖金成，张燕燕．我国自贸试验区发展态势、制约因素与未来展望［J］.改革，2020（3）：127.

［49］王一鸣．百年大变局、高质量发展与构建新发展格局［J］.管理世界，2020（12）：1-12.

［50］魏婕，任保平．新发展阶段国内外双循环互动模式的构建策略［J］.改革，2021（6）：72-82.

［51］武义青，刘海云，李清等．中国自贸试验区的实践与探索［M］.北京经济日报出版社，2021.

［52］熊鸿儒，马源，陈红娜等．数字贸易规则：关键议题、现实挑战与构建策略［J］.改革，2021（1）：69-77.

［53］徐建平．对外开放：过去、现在和未来［J］.旗帜，2022（2）：76-77.

［54］薛熠．学习党的二十大精神：人类命运共同体视阈下的制度型开放［EB/OL］.［2023-01-12］.贵州宣讲网，http：//www.gzxjw.org.cn/info/17807.

［55］杨剑，张威，张丹．制度型开放注意力配置研究——基于自贸试验区

方案文本［J］. 国际经济合作，2021（3）：50-58.

［56］余森杰，蒋海威. 从 RCEP 到 CPTTP：差异、挑战及对策［J］. 国际经济评论，2021（2）：9+131-146.

［57］余震. 全球数字贸易政策：国别特征、立场分野与发展趋势［J］. 国外社会科学，2020（4）：34-45.

［58］张占仓：河南建设开放强省再提速［EB/OL］.［2023-03-05］. 大河财立方，https：//app. dahecube. com/nweb/news/20230305/155555nd8015580701. htm.

［59］张丹. 自贸试验区对推动制度型开放的主要成效、面临障碍及建议［J］. 对外经贸实务，2020（3）：4-8.

［60］张琦，陈红娜，罗雨泽. 数字贸易国际规则：走向趋势与构建路径［J］. 全球化，2011（1）：71-79，136.

［61］张述存. "一带一路"战略下优化中国对外直接投资布局的思路与对策［J］. 管理世界，2017（4）：1-9.

［62］张彦. RCEP 区域价值链重构与中国的政策选择——以"一带一路"建设为基础［J］. 亚太经济，2020（5）：14-24，149.

［63］赵蓓文. 中国制度型开放的逻辑演进［J］. 开放导报，2022（4）：38-44.

［64］赵蓓文. "双循环"新发展格局下中国制度型开放的创新实践［J］. 思想理论战线，2022（3）：106-112.

［65］赵蓓文. 制度型开放与中国参与全球经济治理的政策实践［J］. 世界经济研究，2021（5）：3-8+134.

［66］赵伟洪，张旭. 中国制度型开放的时代背景、历史逻辑与实践基础［J］. 经济学家，2022（4）：17-27.

［67］赵旸顿，彭德雷. 全球数字经贸规则的最新发展与比较——基于对"数字经济伙伴关系协定"的考察［J］. 亚太经济，2020（4）：60-71，151.

［68］赵紫阳. 当前的经济形势和今后经济建设的方针——一九八一年十一月三十日和十二月一日在第五届全国人民代表大会第四次会议上的政府工作报告［EB/OL］.［2008-03-11］. 中央政府门户网站，https：//www. gov. cn/test/2008-03/11/content_916490. htm.

［69］中共河南省委、河南省人民政府关于推进中国（河南）自由贸易试验区深化改革创新打造新时代制度型开放高地的意见［EB/OL］．［2021-04-13］．河南日报电子版，http：//dzb. henandaily. cn/html/2021-04-13/content_486085. htm.

［70］中国共产党一百年大事记（1921 年 7 月—2021 年 6 月）［EB/OL］．［2021-06-28］．中华人民共和国中央人民政府官网，https：//www. gov. cn/xinwen/2021-06/28/content_5621160. htm？ eqid=bfcd6b630001d415000000026489c04e.

［71］中共中央关于经济体制改革的决定［EB/OL］．［2008-06-26］．中央政府门户网站，https：//www. gov. cn/govweb/test/2008-06-26/content_1028140_2. htm.

［72］中共中央关于党的百年奋斗重大成就和历史经验的决议［EB/OL］．［2021-11-16］．中华人民共和国中央人民政府，http：//www. gov. cn/zhengce/2021-11/16/content_5651269. htm.

［73］中国共产党第十一届中央委员会第三次全体会议公报［EB/OL］．［2009-10-13］．中央政府门户网站，https：//www. gov. cn/govweb/test/2009-10/13/content_1437683. htm.

［74］中国共产党提出"改革开放"概念的由来与发展［EB/OL］．［2019-04-03］．光明网，https：//news. gmw. cn/2019-04/03/content_32710377. htm.

［75］中国（河南）自由贸易试验区"十四五"发展规划［EB/OL］．［2021-12-29］．河南省商务厅官网，http：//hnsswt. henan. gov. cn/2022/01-29/2392588. html.

［76］中国（河南）自由贸易试验区条例［EB/OL］．［2021-04-21］．大河财立方，https：//baijiahao. baidu. com/s？ id=1697602962185175374&wfr=spider&for=pc.

［77］周学智．中国吸引外资向"制度型开放"迈进［J］．今日中国，2019（3）：48-50.